杨在平 著

「法与改革」联合结构

一种法治文明秩序的生成

知识产权出版社
全国百佳图书出版单位
—北京—

图书在版编目（CIP）数据

"法与改革"联合结构：一种法治文明秩序的生成 / 杨在平著 . —北京：知识产权出版社，2023.10
　ISBN 978-7-5130-8967-8

Ⅰ.①法…　Ⅱ.①杨…　Ⅲ.①社会主义法制—研究—中国　Ⅳ.①D920.0

中国国家版本馆 CIP 数据核字 (2023) 第 207867 号

责任编辑：庞从容	责任校对：谷　洋
封面设计：黄慧君	责任印制：刘译文

"法与改革"联合结构：一种法治文明秩序的生成
杨在平　著

出版发行	知识产权出版社有限责任公司	网　　址	http://www.ipph.cn
社　　址	北京市海淀区气象路 50 号院	邮　　编	100081
责编电话	010-82000860 转 8726	责编邮箱	pangcongrong@163.com
发行电话	010-82000860 转 8101/8102	发行传真	010-82000893/82005070/82000270
印　　刷	北京建宏印刷有限公司	经　　销	新华书店、各大网上书店及相关专业书店
开　　本	880mm×1230mm　1/32	印　　张	8.5
版　　次	2023 年 10 月第 1 版	印　　次	2023 年 10 月第 1 次印刷
字　　数	185 千字	定　　价	78.00 元
ISBN 978-7-5130-8967-8			

出版权专有　侵权必究
如有印装质量问题，本社负责调换。

自　序

这本书是在我博士论文基础上的修改稿。在中国社会科学院读博期间，我一直在思考，1978年以来的中国社会变革蕴含的法理究竟是什么？对这一问题的持续追问，使我强烈意识到，正是"法与改革"联合结构，作为一种持续性和根本性的力量，促成中国社会变革，并使得中国社会变革表现为"一种法治文明秩序"的生成。

以1840年鸦片战争为标志，中国第一次进入了一个"中国的世界"与"世界的中国"相交汇的全新语境。然而，置身这一全新语境的中国究竟如何变革，变向何处，长期以来，一直是一个悬而未决的问题。马克思指出："全部人类历史的第一个前提无疑是有生命的个人的存在。"1978年以来的中国社会变革，由于是对建立在社会意义上的人的行动基础上、与内生于中国社会的法治相呼应的全新社会结构和秩序结构的缔造，因此从根本上赋予中国社会变革之大解。《"法与改革"联合结构：一种法治文明秩序的生成》一书，就是试图揭示这一大解蕴含的法理逻辑。

　　读博期间，有幸得到导师刘海年先生的教诲和关心。从确定选题到完善结构直至字词句的修改，倾注了先生的大量心血。对先生的付出，由衷感谢！论文完成过程中，我的硕士导师杨宗科先生多次提出宝贵意见，在此，一并致以谢意！

　　感谢我的家人，我的父亲母亲、我的妻子孩子，在我求学路上给予的支持和关怀！

　　最后，要特别感谢本书责任编辑庞从容女士。从策划到出版，庞从容女士的倾情相助，让我铭记在心！

杨在平

2023 年 9 月 18 日

目录

001 导 论

035 **第一章 "法与改革"联合结构的概念初析**
 第一节　逻辑与历史相统一规律的完整表达 /037
 第二节　"法"与"改革"联结而成的一体化结构 /058
 第三节　"法"与"改革"关系命题的概念跃升 /061
 小　结 /075

077 **第二章 "法与改革"联合结构的法权系属**
 第一节　追问改革的本质需确立的基准 /079
 第二节　改革的本质是法权的全面建构 /090
 第三节　法权在"法与改革"联合结构中的系属功能 /112
 小　结 /120

121 第三章 "法与改革"联合结构的秩序进路

第一节 中国社会变革中的秩序诉求 / *123*

第二节 中国社会变革秩序建构的逻辑遵循 / *143*

第三节 "法与改革"联合结构：一种永久和平秩序的奠基方式 / *179*

小　结 / *195*

197 第四章 "法与改革"联合结构的宪法检视

第一节 从《共同纲领》到"五四宪法"："法与改革"联合结构的最初奠基 / *199*

第二节 "八二宪法"及其宪法修正："法与改革"联合结构的全面证成 / *209*

第三节 "法与改革"联合结构：一种宪法传统的表达 / *226*

小　结 / *239*

241 后　记

249 参考文献

导　论

一

1840年的鸦片战争是自秦汉以来的中国历史发展发生根本转向的分水岭。在大历史视野下，1840年之前的中国，或治世之政治、社会生活之有序，或乱世之政治、社会生活之无序，中国作为一个文明古国，以其深厚历史积淀而自成一体，其变化、变迁、变革始终遵循的是"中国的世界"为其自身的逻辑，因此都可以归结为关于传统中国的历史叙事。1840年之后，因为中西文明的碰撞，所有这一切都发生了根本的、方向性转变，呈现出如这一重大历史转变之见证人和参与者李鸿章所言的"三千年未有之大变局"[1]。如何看待这一变局，诚然有多重视角，然而，在大历史视野下，则是表明审视中国的时代坐标发生了根本性变化，即从长期以来立基于中国社会内部历史变迁的纵向视角，切换为从纵向视角与中国置身其中的世界体系的横向视角的立体交会中审视中国，这是一个由原本"中国的世界"转向"中国的世界"与"世界的中国"相杂糅的"新世界"的历史巨变，表明从此由传统中国向现代中国转变成为中国的"命定"，成为重新定义中国的一种全新的历史叙事，"中学为体，西学为用""师夷长技以制夷""百日维新""辛亥革命"等，都是针对这一转变的"时代化表达"。目

---

[1] 同治十一年五月，李鸿章在复议制造轮船未裁撤折中称："臣窃惟欧洲诸国，百十年来，由印度而南洋，由南洋而中国，闯入边界腹地，凡前史所未载，亘古所未通，无不款关而求互市。我皇上如天之度，概与立约通商，以牢笼之，合地球东西南朔九万里之遥，胥聚于中国，此三千余年一大变局也。"参见李鸿章：《李鸿章全集》第5册，时代文艺出版社1998年版，第107页。

前，这一转变仍然在路上，以中国式现代化全面推进中华民族伟大复兴，则是在"中国的世界"与"世界的中国"的立体交会中，关于变革中国社会变革之道的最新表达方式。

自秦汉一直到清末，所谓中国，其实就是指大一统的中华帝国。到了清末，置身"中国的世界"与"世界的中国"的立体交会中的中国，必须实现由传统向现代的转变，这是历史上的中国从未遭遇的"千年难题"。只有实现了这一转变，中国才能在两种"世界"的立体交会中找到安身立命之所。至于能否实现这样的转变、如何实现这样的转变、如何在这样的转变中保持中国的"中国性"，则是在这一"命定"中面临的现实问题。清末政权本来就是大清帝国的延伸，是两千多年之中华帝国的延伸，显然，置身"中国的世界"与"世界的中国"的立体交会中，这样特殊的历史遭遇将其推向无所适从、进退失据的状态，最终在"开新"与"固本"的挣扎中走向覆灭，具有历史必然性。"对清末十年而言，最根本的一个问题，就是体制或结构是否改变、怎样改变以及以什么样的速度改变。正是由于制度的困境，新政带有自毁的意味——由于改和革的一面不断加速，而建设的一面无法跟随，终造成旧建制已去而新建制更多仅存于纸面的现象，逐渐发展成不可收拾的局面。更由于政治伦理的真正转换远不如条文制度那样可以速成，政治体制的转型便遇到难以逆转的困境，终不得不让位于更迅速更有效的革命。"[1]

辛亥革命是以西方现代化范式为摹本，在中国进行的一场

---

[1] 王建朗、黄克武主编：《两岸新编中国近代史》（晚晴卷），社会科学文献出版社2016年版，第507页。

具有现代意义的革命。"辛亥革命之在中国现代化中之意义,最主要的乃在它结束了两千余年的'朝代国家'的形态,而代之以'民族国家'的形态。亦是结束了传统中国以文化为基底的'天下性'结构,而代之以政治为基底的'国家性'结构,这是中国传统政治形态的突破与创新。这在中国政治现代化的过程中是极重要的里程碑。"[1]但是这场革命,终因为"精英政治"与中国社会的割裂,不但没有起到彻底变革中国社会的作用,而且使中国社会陷入军阀混战的失序局面,暴露出中国政治与中国社会关系的扭曲。

处于"中国的世界"与"世界的中国"立体交会中的中国决定了近代中国面临两件必须完成的大事:一件是取得中国在置身其中的世界体系中的平等地位,进而实现由"主权中国"向"主体中国"的历史性转变,形成"中国的世界"与"世界的中国"之间的分享结构;另一件是通过"现代化要素"在中国社会的现实呈现,转化为变革中国社会的要素,进而成为中国社会自身的组成部分,实现传统中国向现代中国的转变,这意味着在中国社会进行一场以现代化为指向和路径的彻底的社会变革,只有实现了这一社会变革,中国才能融入以现代化为标识的世界体系中,这也意味着中国社会的变革必然是一场面向世界的深度的文明变革。这两件大事共同构成了变革中国应承担的历史使命。

在中国共产党诞生之前,形形色色的政党和政治派别虽然提出过各种各样的主张、进行过各种各样的探索,但由于其历

---

[1] 金耀基:《从传统到现代》,法律出版社2017年版,第197页。

史局限性，总体上处于既不知为何又不知如何的混沌状态，中国社会变革一直走在歧路彷徨的漫漫长途。以中国共产党诞生为标志，中国共产党以政治革命引领中国社会革命，实现了政治革命和社会革命的内在统一，中国社会自身变革与取得在世界体系中的平等地位的内在统一，担当起办好两件大事的历史使命，因此，新中国的成立就成为办好两件大事的历史必然。新中国成立之特别重要的意义在于，"彻底结束了旧中国半殖民地半封建社会的历史，彻底结束了旧中国一盘散沙的局面，彻底废除了列强强加给中国的不平等条约和帝国主义在中国的一切特权，实现了中国从几千年封建专制政治向人民民主的伟大飞跃。"[1]

回顾从中国共产党诞生到新中国成立的历史，可以得出，正是因为中国共产党诞生而缔造的"中国共产党主导的以人民为主体的现实社会运动"，这一变革中国的全新文明范式，在中国共产党的主导下，中国社会面向中国、面向世界、面向时代最深层最广泛的变革诉求与人民的主体地位和主体作用之间形成了一种内在呼应结构，由此产生了变革政治、变革国家、变革中国社会的一体化力量，从而实现了对以往任何政党和政治派别的革命性超越，才建立了新中国。新中国的建立，表明自近代以来，在"中国的世界"与"世界的中国"的立体交会中，中国获得在世界体系中政治意义上的主权平等和主权独立，从根本上实现了国家自主，从而为今后中国社会的继续变革奠定了根本政治前提和政治保障。

---

[1] 习近平：《在庆祝中国共产党成立 95 周年大会上的讲话》，《人民日报》2016 年 7月2日。

二

依靠"中国共产党主导的以人民为主体的现实社会运动"这一变革中国的全新文明范式,通过统合战场和社会两大场域,取得了战争胜利和推进社会变革的双重效果,最终建立了新中国。新中国成立后,"我们党团结带领人民完成社会主义革命,确立社会主义基本制度,推进社会主义建设,完成了中华民族有史以来最为广泛而深刻的社会变革,为当代中国一切发展进步奠定了根本政治前提和制度基础,实现了中华民族由近代不断衰落到根本扭转命运、持续走向繁荣富强的伟大飞跃。"[1]

"中国共产党主导的以人民为主体的现实社会运动"这一变革中国的全新文明范式,所选择的道路和目标指向是社会主义现代化。其中,社会主义道路和社会主义目标既与中国社会半殖民地半封建社会的变革要求内在契合,中国社会自身为之提供了最深层的动力源泉,又为中国共产党作为马克思主义政党的性质和宗旨所决定,成为"中国共产党主导的以人民为主体的现实社会运动"这一变革中国的全新文明范式变革中国的"社会理想图景";现代化则是由中国置身世界体系的现代文明属性所决定。正因为如此,新中国成立后,"中国共产党主导的以人民为主体的现实社会运动"这一变革中国的全新文明范

---

[1] 习近平:《决胜全面建成小康社会 夺取新时代中国特色社会主义伟大胜利——在中国共产党第十九次全国代表大会上的报告》,《人民日报》2017年10月28日。

式,在从过去的战场和社会两大场域整体转向中国社会后,中国共产党依靠人民变革中国社会的途径,就自然成为"社会主义要素"、"现代化要素"和"中国要素"在中国社会的历史展开。新中国成立后所进行的以"社会主义要素"、"现代化要素"和"中国要素"为主要内容的中国社会变革,构筑起中国社会变革的底层逻辑。

但与此同时,应该认识到,"中国共产党主导的以人民为主体的现实社会运动"这一变革中国的全新文明范式,内涵的道路和目标指向虽然是社会主义和现代化,然而在对什么是社会主义、怎样建设社会主义,什么是现代化、怎样建设现代化,怎样实现"社会主义要素"、"现代化要素"和"中国要素"的结合等必须作出回答的、关系中国前途命运的关键性和枢纽性问题上,对于数千年来以农业文明为主导的传统中国来说、对于通过革命以取得政权为首要任务的中国共产党来说,乃至于对于一切传统社会主义国家来说,都是一项全新的课题。鉴于此,"中国共产党主导的以人民为主体的现实社会运动"这一变革中国的全新文明范式,怎样由革命和战争的逻辑转变为执政和建设的逻辑,怎样由通过政治革命引领社会革命推翻一个旧中国的逻辑转变为在中国共产党主导下,通过"社会主义要素"、"现代化要素"和"中国要素"的充分衔接和内在融合,转化为变革中国社会的逻辑,这一范式必须经过深厚的历史运动才能提供答案。

毛泽东曾经豪迈地指出:"夺取全国胜利,这只是万里长征走完了第一步。""我们不但善于破坏一个旧世界,我们还将善于建设一个新世界。"[1]毛泽东的论断,事实上已然揭示出通过变革中国社会创造新历史的特殊性,"破坏一个旧世界"和"建设一个新世界"遵循着完全不同的历史逻辑。"中国共产党主导的以人民为主体的现实社会运动"这一全新文明范式,不但与"旧世界"在性质上是不相容的,而且构成"破坏旧世界"的历史运动,因此,"中国共产党主导的以人民为主体的现实社会运动"这一变革中国的全新文明范式的历史呈现,首先在于通过"破坏一个旧世界",消除"建设一个新世界"的对立面,为"建设一个新世界"创造和准备条件。

但是,破坏旧世界与建设新世界遵循的完全不同的历史逻辑,决定了两者之间存在着天然的历史鸿沟。新中国成立后,面对这一天然的历史鸿沟,一方面,中国共产党在应然层面选择了社会主义和现代化方向;另一方面在实然层面也进行了社会主义革命和社会主义建设。然而,由于对两种逻辑的转换一时难以达到应有的历史自觉,结果是在如何对待社会主义的问题上,相当程度上用社会主义教条代替了运用社会主义变革中国社会本身;在对社会主义和现代化的关系问题上,固守社会主义教条对现代化的优先性,在相当程度上割裂了社会主义与现代化的内在关联;在面对"破坏一个旧世界"和"建设一个新世界"的关系问题上,存在着革命逻辑与现代化建设逻辑的混淆,用革命阶段采取的大规模的群众运动的方式扭曲了"中国共产党主导的以人民为主体的现实社会运动"这一变革中国的全新文明范式,结果导致"大跃进""人民公社化"运动,

---

[1]《毛泽东选集》第 4 卷,人民出版社 1991 年版,第 1438—1439 页。

直至发生"文革"这样的悲剧。

因此，正如通过革命取得政权，"中国共产党主导的以人民为主体的现实社会运动"这一变革中国的全新文明范式并没有也不可能给出现成的经验和答案，而只有经过一定的历史曲折，才能走向历史自觉；"破坏一个旧世界"后，怎么样"建设一个新世界"，同样需要经过一定的历史曲折，才能走向历史自觉。而且比之于"破坏一个旧世界"，因其"破坏性"的特点而具有相对的"历史短暂性"，"建设一个新世界"因其"建设性"的特点而具有相当的"历史长期性"、"历史复杂性"和"历史常态性"。"中国共产党主导的以人民为主体的现实社会运动"这一变革中国的全新文明范式，其特殊而又巨大的历史功用在于，其中蕴含的推进中国社会变革的深层力量，一旦与变革中国社会的内在需求相呼应，与时代发展的大势相呼应，就必然地因为走向历史自觉，而体现为变革中国社会的本体性力量。这在革命阶段得到了实践的检验和历史的见证。党的十一届三中全会作出的把工作重点转移到社会主义现代化建设上来的战略决策，更是得到了集中体现。以实行改革开放为这一历史时刻为标志，"中国共产党主导的以人民为主体的现实社会运动"这一变革中国的全新文明范式，以实现社会主义现代化的郑重的历史性宣示，最集中地体现出变革中国的历史自觉，从此，社会主义现代化以其辽阔的实践空间、融入世界体系的强大生命力、彻底改变中国命运的历史说服力，成为"中国共产党主导的以人民为主体的现实社会运动"这一变革中国全新文明范式统摄下的变革中国的重大历史选择。

社会主义现代化作为"中国共产党主导的以人民为主体

的现实历史运动"这一变革中国的全新文明范式统摄下的变革中国的重大历史抉择,为中国社会开辟了一条"建设一个新世界"的崭新道路。自1840年鸦片战争以来的中国社会和中国历史,就是在如何"破坏一个旧世界"和如何"建设一个新世界"的历史张力中加以呈现的,新中国的成立标志着完成了"破坏一个旧世界"的历史使命,新中国成立后进行的社会主义革命和社会主义建设,奠定了变革中国的根本方向和目标选择。从此之后,"中国共产党主导的以人民为主体的现实社会运动"这一变革中国的全新文明范式,经历过一段艰难探索的时期,对社会主义现代化的历史自觉和现实推进,不再纠缠于束缚人们思维、束缚实践的各种各样的"教条律令",而是以实现"社会主义要素"、"现代化要素"和"中国要素"内在统一的社会主义现代化,作为变革中国的道路选择和目标选择。"社会主义要素"、"现代化要素"和"中国要素"的内在统一,并以社会主义现代化的完整形态呈现于变革中国的生动实践中,标志着"中国共产党主导的以人民为主体的现实社会运动"这一变革中国的全新文明范式终于成为一场"建设新世界"的深厚历史运动。在这一深厚历史运动中,处于"中国的世界"与"世界的中国"立体交会的中国,既以现代化要素丰富性的展开成为世界体系的有机组成部分,又以对社会主义坚持性的体现成为科学社会主义的有机组成部分,还以生动鲜活的"中国性"的赓续成为中华文明在"现代文明世界"的展现形式,直至形成以中国式现代化为最新的"时代化表达"、以创造人类文明新形态为最新文明成果,把"中国的世界"与"世界的中国"紧密相融的全新文明景观。

三

梁漱溟先生在总结自秦汉以来两千多年的历史时指出："百年前的中国社会，如一般所公认的是沿着秦汉以来，两千年未曾大变通的。我常说它是入于盘旋不追状态，已不可能有本质上之变，因此论'百年以前'差不多既等于论'两千年以来'。"[1]金耀基先生在总结近代以来的中国历史时指出："整个地说，中国传统社会在过去一百年、特别是过去五十年间的变化过程是多姿多彩，像万花筒似的。对于这样的一个变化过程，我们很难作一个完整的平衡的叙述。但是，我们可以用简单的观念模型把握这一变化，即这一变化是从'传统'而转向'现代'的。"[2]梁漱溟先生和金耀基先生的这两段论述，可以说是对传统中国社会和自鸦片战争以来的近代中国社会的特征进行的浓缩性概括。

中国传统社会是一个农业社会。建立在农业社会基础上的政治、经济、文化和社会结构，它们之间的相互作用，以及由此构成的运行机制，构成中国传统社会基础的秩序形态。一方面，中国传统社会具有农业性的天然优势，赋予其持久的历史韧性，尤其是因此成就的以"大一统"这一"中国之轴"为历史根基的"中国性"，赓续至今，仍然是建构现代中国的统序性权威；另一方面，中国传统社会也因为农业性的天然劣势，赋予其柔弱的历史脆性，由此导致中国社会一再陷入"其兴也

---

[1] 梁漱溟：《中国文化要义》，集成图书公司1963年版，第11页。
[2] 金耀基：《从传统到现代》，法律出版社2017年版，第63页。

勃焉,其亡也忽焉"的历史周期率,暴露出中国传统社会无法克服的秩序危机。以 1840 年的鸦片战争为标志,中国这样一个农业社会,被迫进入一个"中国的世界"与"世界的中国"立体交会而成的"新世界"。置身这样一个"新世界",意味着中国社会面临着迎接外部世界带来的又一场秩序危机。虽然中国传统社会也一再面临着秩序危机,但是,因为中华文明深厚文化积淀赋予的强大修复功能和托底功能,始终具有通过内部自我循环自我纠正的特点。与中国传统社会面临的秩序危机形成鲜明对照的是,中国传统社会因为迎接外部世界带来的秩序危机,具有由中国传统社会和外部世界共同造就的新的历史遭遇的特点。这种新的历史遭遇表现在:首先,这一秩序危机表现为中国置身其中的外部世界通过采取侵略、掠夺、干涉中国内政、变相影响中国社会等霸凌方式,对中国的主权和中国社会构成严重威胁,这既影响到中国原先在世界体系中的地位,又影响到中国自身的安全,从而使得近代以来的中国面临的秩序危机具有外部性特点。其次,这一秩序危机还表现为由于现代文明因素深入中国社会内部,而对中国社会造成的结构性破坏和结构性挑战。相对于几千年来"自成一体"的中国传统社会来说,进入中国社会的现代文明因素无疑属于"异质性"因素,这必然造成中华文明与以西方为代表的现代文明在中国社会内部的冲突。由于以西方为代表的现代文明一时处于强势地位,因此对中国社会原有的秩序形态构成的结构性破坏和结构性挑战,就使得近代以来的中国的秩序危机也具有内部性特点。需要明确的是,这里的外部性特点和内部性特点,并不是截然分开的,而是指近代以来中国社会面临的秩序危机的一体两面。

由"中国的世界"和"世界的中国"立体交会造成的中国社会面临的外部性秩序危机和内部性秩序危机,使得中国在同一时空陷入"双重秩序危机"。面对此从未遭遇的"双重秩序危机",因为中国共产党诞生而缔造的"中国共产党主导的以人民为主体的现实社会运动"这一变革中国的全新文明范式,是对处于"中国的世界"和"世界的中国"立体交会中的中国,进行的一次全新的文明奠基。之所以这样讲,是因为"中国共产党主导的以人民为主体的现实社会运动"这一全新文明范式,蕴含的变革中国社会的深层力量,与中国社会的内在需求相结合,提供的"破坏一个旧世界"的正确选择,演化为变革中国社会的深厚的历史运动,最终建立了新中国,从而从根本上破解了中国社会面临的外部性秩序危机。与外部性秩序危机相区别的是,近代中国面临的内部性秩序危机,蕴含着通过"社会主义要素"、"现代化要素"和"中国要素"在中国社会的内在化而变革中国社会,从而实现由传统中国向现代中国的转向这一历史指向。同样是在这一必须作出回答的根本问题上,"中国共产党主导的以人民为主体的现实社会运动"这一变革中国的全新文明范式,与中国社会的内在需求相结合,与中国置身其中的世界体系蕴含的现代化要素相结合,与社会主义的本质要求相结合,提供的"建设一个新世界"的正确道路,演变为变革中国的深厚的历史运动,既成为中国社会的变革之道,又使得处于"中国的世界"与"世界的中国"立体交会中的中国社会变革,取得了"世界性"与"中国性"的内在融合与协同互动。

社会主义现代化作为"中国共产党主导的以人民为主体的现实历史运动这一全新文明范式"统摄下的中国社会的变革之道，为中国社会开辟了"建设一个新世界"的道路。这样一条道路所要表明的是：面对"中国的世界"与"世界的中国"立体交会的中国，面对近代中国社会面临的"双重秩序危机"，最终迎来了变革中国的新的历史常态，这一新的历史常态，其实就是"社会主义要素"、"现代化要素"与"中国要素"在中国社会的充分释放、内在融合和协同互动，使得中国社会彻底成为一个立足中国、面向世界、走向未来的变革社会，成为一个以"社会主义要素"、"现代化要素"与"中国要素"建构新的社会结构、秩序空间和秩序形态的社会，通过这样的建构，一方面，中国社会仍然保持着以"大一统"为文明基底的中国本色，另一方面以彻底告别"其兴也勃焉，其亡也忽焉"历史周期率的前瞻性，呈现出完全相异于中国传统社会的全新秩序风貌和全新文明景观。

四

面对1978年以来通过社会主义现代化推进的中国社会变革，学术领域的理解和阐释存在着三种比较明显的倾向：第一种倾向是，对传统中国特别是传统中国文化情有独钟的人，由于他们认为现代中国是传统中国的延伸，于是，想方设法从中国传统中寻找中国社会变革的答案，如当代新儒学通过对儒学的重新诠释，以此在拯救儒家困境的同时，试图彰显其现代意义与价值，进而为中国社会变革提供思想资源[1]。当代新法家则通过对中国与世界所处历史方位与历史上的法家所处历史方位的想象关联，以期激发出法家"富强为本，法治为用"的历史功用[2]，就是这方面努力的尝试。第二种倾向是，在中西对照中，将中国社会的变革定位为由传统向现代的转变，在此定位的前提下，认为由于中国自身现代化资源的先天缺失，而现代化资源主要渊源于西方，于是，受此种"思维定式"的影响乃至支配，不经意间，将"现代化"置换为"西方化"，进而将有关自由、民主、法治、经济、社会、文化等在内的种种现成的现代化资源，经由"中国"标签的包装后，便捷地化约为理解和阐释中国社会变革的理论资源，也因此，伴随中国社会变革的学术成长的过程，就变成了一系列现成的现代化理论在中国展现的过程，中国只不过是提供了这些现成和成熟的现代化理论的一种过滤装置。[3]第三种倾向是，立足中国实际，运

---

[1] 有关这方面的研究成果琳琅满目，如秋风：《儒家式现代秩序》，广西师范大学出版社 2013 年版；何信全：《儒学与现代民主》，中国社会科学出版社 2001 年版；郭齐勇：《儒学与现代化的新探讨》，商务印书馆 2015 年版；蒋庆：《政治儒学：当代儒学的转向、特质与发展》，生活·读书·新知三联书店 2003 年版；许嘉璐：《重写儒学史——"儒学现代化版本问题"》，人民出版社 2015 年版；而相应的文章更是难以计数，如寇清杰：《"儒家社会主义"评析》，载《思想理论教育导刊》2010 年第 10 期，等等。

[2] 喻中：《法家三期论》，法律出版社 2017 年版，第 1—29 页。当代新法家有关这方面的研究成果也有许多，如常燕生：《法家思想的复兴与中国的起死回生之道》，载《国论》1935 年第 2 期；程燎原：《论"新法家"陈启天的"新法治观"》，载《政法论坛》2009 年第 3 期；等等。

[3] 有论者指出："整个近代史就是西方文化逐渐占据主流话语的过程，'言必称希腊'、'言必称西洋'、'言必称美国'，几乎就是中国近代以来学术界的真实写照。"参见，郭星华：《法社会学教程》(第 2 版)，中国人民大学出版社 2015 版，第 307 页。

用包括西方社会学研究方法、调研考察、统计分析、中外比较对照等在内的各种研究方法，对现实中国进行经验分析，并得出一定的启示。[1]

这三种倾向反映出当代中国哲学和社会科学研究面对中国社会变革比较明显的依赖性品格。具言之，执着于中国传统的研究，可以用"传统依赖"概括；执着于西方的研究，可以用"西方思想理论依赖"概括；执着于经验分析的研究，可以用"经验依赖"概括。面对这些倾向，黄宗智先生就不无深刻地指出："长期以来，无论是在国内还是国外，中国研究领域都以未能形成自己独立的学术理论为遗憾。在西方入侵之前，中国文明对本身的认识自成系统，藐视其他文明。但是到了近现代，这一认识全面解体，逐渐被西方认识所取代。国内外中国研究也因此普遍从西方理论出发，不少学者甚至把它们硬套于中国实际，结果使相关研究不时走向歧途。另一方面，反对这种以论带史倾向的学者，或者是提倡本土化的学者，又多局限于经验研究，罔顾理论，或者干脆认同于传统中国文明。有的试图与西方理论展开对话，但一般只能说明中国实际不符合西方理论，却不能更进一步地提炼出自己的理论与之抗衡。迄至今日，本土化潮流固然相当强盛，但同时又有许多西方理论在

---

[1] 近年来，随着中国社会的发展，基于中国成就的经验层面的研究越来越多，其中如郑永年：《中国模式：经验与挑战》，中信出版社 2016 年版。张维为的四部著作：《中国震撼——一个"文明型国家"的崛起》，上海人民出版社 2011 年版；《中国触动：百国视野下的观察与思考》，上海人民出版社 2012 年版；《中国超越：一个"文明型国家"的光荣与梦想》，上海人民出版社 2014 年版；《文明型国家》，上海人民出版社 2017 年版。法学研究方面，如苏力的两部著作：《送法下乡》，中国政法大学出版社 2000 年版；《法治及其本土资源》，中国政法大学出版社 2004 年版，就是这方面研究的体现。

中国国内仍被普遍认为是'经典'、'先进'或'前沿'的，是大家都必须与之'接轨'的。"[1]

需要明确的是，指出当代中国哲学和社会科学研究存在的三种倾向及其依赖性品格，并不是要质疑或否定其正当性和合理性，相反，这三种倾向及其依赖性品格的存在，既有其现实合理性，又有其历史必然性。之所以这样讲，是因为，一方面，传统中国、现实中国、西方社会理论和实践中蕴含的丰富的、现成的资源，为这三种倾向的存在及其依赖性品格的形成，提供了相当的便捷性，使得关于中国社会变革的哲学和社会科学研究处于"长期以来的'学徒状态'"[2]；另一方面，必须承认，"从真正历史的观点来看，这样一种'学徒状态'不仅是必然的，而且是成果丰硕的。没有这一百多年来特别是40年来的极为广泛的对外学习进程，当今中国的发展和当今中国的学术是很难取得现在这样的成绩的。"[3]

但与中国社会已然发生的深度变革形成鲜明对照的是，当代中国哲学和社会科学研究存在的三种倾向，本质上是对中国社会变革的一种"外部反思"。"'外部反思'是一种忽此忽彼的推理能力，它从来不深入到事物的实体性内容之中，但它知道一般原则，并且知道把一般原则抽象地运用到（先验地

---

[1] 黄宗智：《认识中国——走向从实践出发的社会科学》，《中国社会科学》2005年第1期。
[2] 吴晓明：《中国可能开启一种新文明类型，哲学社会科学创新必须摆脱"学徒状态"》，在上海市社联第十二届"学会学术活动月"首届会长论坛上的发言，载《上观新闻》2018年12月5日。
[3] 吴晓明：《中国可能开启一种新文明类型，哲学社会科学创新必须摆脱"学徒状态"》，在上海市社联第十二届"学会学术活动月"首届会长论坛上的发言，载《上观新闻》2018年12月5日。

强加到）任何内容之上。"[1]三种倾向，虽然从外观上看，都贴有"中国"的标签，并且具有服务于中国社会变革的目的，但就其实质而言，是一种关于中国的研究，而不是根据中国的研究，中国在其话语体系中始终处于从属地位，缺乏应有的主体性品格。这种"外部反思"的研究，无论如何有合理性和正当性，但是，"它们还不是哲学社会科学的创新本身"[2]，从中国哲学和社会科学的发展规律、发展要求和未来趋势看，这只能是一种过渡性研究。到今天，中国哲学和社会科学研究成果的历史积累，特别是变革中国实践丰富性和圆满性的呈现，为中国哲学和社会科学的创新性研究奠定了现实基础和根本前提。正如习近平同志深刻指出的："历史表明，社会大变革的时代，一定是哲学社会科学大发展的时代。当代中国正经历着我国历史上最为广泛而深刻的社会变革，也正在进行着人类历史上最为宏大而独特的实践创新。这种前无古人的伟大实践，必将给理论创造、学术繁荣提供强大动力和广阔空间。这是一个需要理论而且一定能够产生理论的时代，这是一个需要思想而且一定能够产生思想的时代。我们不能辜负了这个时代。"[3]

---

[1] 吴晓明：《中国可能开启一种新文明类型，哲学社会科学创新必须摆脱"学徒状态"》，在上海市社联第十二届"学会学术活动月"首届会长论坛上的发言，载《上观新闻》2018年12月5日。
[2] 吴晓明：《中国可能开启一种新文明类型，哲学社会科学创新必须摆脱"学徒状态"》，在上海市社联第十二届"学会学术活动月"首届会长论坛上的发言，载《上观新闻》2018年12月5日。
[3] 习近平：《在哲学社会科学工作座谈会上的讲话》，载《人民日报》2016年5月19日。

五

马克思指出:"全部社会生活在本质上是实践的。凡是把理论引向神秘主义的神秘东西,都能在人的实践中以及对这个实践的理解中得到合理的解决。"[1]恩格斯也指出:"历史从哪里开始,思想进程也应当从哪里开始,而思想进程的进一步发展不过是历史过程在抽象的、理论上前后一贯的形式上的反映,这种反映是经过修正的,然而是按照现实的历史过程本身的规律修正的,这时,每一个要素可以在它完全成熟而具有典范形式的发展点上加以考察。"[2]同时,毛泽东也强调过,必须"用社会科学来了解社会,改造社会,进行社会革命"。马克思恩格斯和毛泽东的相关论述,深刻揭示出哲学社会科学和中国社会变革的内在关联和实质关系。

近代以来中国社会的变革历程,就是一个实践的丰富性和圆满性逐渐呈现的过程,而实践的丰富性和圆满性之程度如何,从根本上决定了哲学和社会科学研究的可能限度。从鸦片战争开始到新中国成立期间的100多年,中国社会革命和动荡的历史条件,决定了"救亡压倒启蒙",哲学和社会科学研究的开展缺乏基本的现实基础;从新中国成立到改革开放之前,中国社会所经历的频繁运动和实践探索上的不确定性和曲折性,决定了哲学社会科学研究必然处于一种非正常状态;改革开放历史进程的开启,标志着中国社会变革的丰富性和圆满性呈现出按历史节奏充实的态势,哲学社会科学研究也因之进入

---
[1]《马克思恩格斯选集》第1卷,人民出版社1995年版,第56页。
[2]《马克思恩格斯选集》第2卷,人民出版社1995年版,第122页。

了一个大规模学徒阶段。迄今，经过45年的改革开放，变革中国的丰富性和圆满性已达到了一个比较充分充盈的尺度，进入了真正的"历史拐点"，与变革中国社会变革相对应的是，中国的哲学社会科学研究也因之需要从"从长期以来学术上的'学徒状态'中摆脱出来，并开始获得它的'自我主张'"[1]的"历史拐点"。但是，正如自然界在人们面前的呈现，并不会自动转变成自然科学成果一样，社会现实和社会实践在人们面前的呈现，也不会自动转变成哲学社会科学的成果，变革中国的实践无论如何丰富和圆满，只是处于社会现象层面，还只是需要哲学社会科学去加以关注的研究对象，唯有对这些社会现象和研究对象进行主体性"提炼"，进行切实的问题关注，构建起相应的"问题域"，才能转化为哲学社会科学的成果。于是，"怎样从实践的认识而不是西方经典理论的预期出发，建立符合中国历史实际的理论概念？怎样通过民众的生活实践，而不是以理论的理念来替代人类迄今未曾见过的社会实际，来理解中国的社会、经济、法律及其历史？"[2]就成为一项现实的任务摆在了我们面前。

社会主义现代化提供了近代以来中国的变革之道。接下来，需要我们进一步追问和回答的是：社会主义现代化这一中国社会的变革之道，立足于应有的学术视角，究竟是一种可以用什么样的概念范畴来表达的变革之道；进一步讲，这样的变

---

[1] 吴晓明:《中国可能开启一种新文明类型，哲学社会科学创新必须摆脱"学徒状态"》，在上海市社联第十二届"学会学术活动月"首届会长论坛上的发言，载《上观新闻》2018年12月5日。
[2] 黄宗智:《认识中国——走向从实践出发的社会科学》，《中国社会科学》2005年第1期。

革之道所呈现出的中国社会又是一种可以用什么样的概念范畴来加以表达的中国社会。毫无疑问，对于这样两个紧密关联的问题的追问，不仅是从"外部反思"的"学徒状态"走向"对中国社会内部"的切实思考，而且是进行这样的思考需要回答的前提性问题。这样的思考方式决定了从变革中国的实践中，提炼符合中国实际和具有中国特色的概念和理论命题，并不是一个照镜子的过程，相反，要"真正研究中国社会，并以切中现实为旨归"[1]，"我们要到最基本的事实中去寻找最强有力的分析概念。"[2] 为此，遵循历史与逻辑相统一的规律，深入变革中国社会的内部，进行切实的根据中国的思考，可以得出这样两个结论：一个就是自 1978 年以来的中国社会的变革，是一个可以用"一种法治文明秩序"来概括的变革；一个就是与此相对应，这样"一种法治文明秩序"乃是由"法与改革"联合结构所塑造的。简言之，总结 1978 年以来的中国社会变革，实质上是一种相异于中国传统社会的新的文明秩序的历史塑造，在这一历史塑造过程中，始终有两大要素与这一变革最紧密地关联在一起，构成我们审视这一变革的关系性要素，这两大要素就是"法"与"改革"。进一步讲，并不是"法"与"改革"这两大要素对改革开放以来作为一种新的文明秩序塑造的中国社会变革独立发挥着作用，而是由"法"与"改革"联结而成的"法与改革"联合结构，这样一个完整的一体化结

---

[1] 吴晓明：《中国可能开启一种新文明类型，哲学社会科学创新必须摆脱"学徒状态"》，在上海市社联第十二届"学会学术活动月"首届会长论坛上的发言，载《上观新闻》2018 年 12 月 5 日。
[2] 黄宗智：《认识中国——走向从实践出发的社会科学》，《中国社会科学》2005 年第 1 期。

构,造就了具有中国特色和法治一般性特点的"一种法治文明秩序"。至此,我们有必要对"'法与改革'联合结构:一种法治文明秩序的生成之道"作一基本的阐释。

首先,"'法与改革'联合结构:一种法治文明秩序的生成之道"是深入中国社会内部,意图到中国最基本的现实中寻找有力的分析概念,内在把握中国社会变革实践获得的一项命题。改革开放以来的中国社会发生了和正在发生着近代以来,乃至于整个中国历史上从未有过的社会变革,这样一场涵括政治、经济、文化、社会、生态等全领域的系统性、整体性、广泛性和持久性的社会变革,诚然可以通过包括 GDP 总量的增加、人们生活水平的提高、国家综合实力的提升等相对量化的指标来衡量。然而,所有类似对改革开放以来中国社会变革的表达,都只是局限于描写或刻画意义的,无法从根本上回答改革开放以来的中国社会究竟发生了什么样的变革,究竟是一种什么样的力量促成了这样的变革,这样两个紧密关联的实质性问题。针对这两个紧密关联的实质性问题,"'法与改革'联合结构:一种法治文明秩序的生成之道"这一命题从根本上作出了回应。

其一,西方的理性主义传统,决定了"坚持以一种理论压倒另一种理论"[1],是其理论成长的基本路径。具体到中国,"若从纯粹得自理论的'假设'出发,很容易完全脱离实际、歪曲事实。"[2]相反,中国的理论成长只能坚持实践指向,中国共产党的理论创新之所以能够取得丰硕成果,究其根本原因就

---

[1] 黄宗智:《认识中国——走向从实践出发的社会科学》,《中国社会科学》2005 年第 1 期。

[2] 黄宗智:《认识中国——走向从实践出发的社会科学》,《中国社会科学》2005 年第 1 期。

在于能够坚持理论创新的实践指向,即理论来源于实践,反过来又指导实践,如此循环往复、互动互生,结果是推动了理论与实践不断向新的更高水平的发展。"'法与改革'联合结构:一种法治文明秩序的生成之道"这一命题,同样是因应改革开放以来中国社会变革实践所获致的一项结论。对于变革中国来说,明确的实践指向是其理论成长的命定。变革中国是一个处于大变革中的正在成长的中国,面对这样的一个中国,必须进行立足中国的思考,置身变革中国社会的内部,进行内部审视,只有这样才能洞见变革中国的本来面目,真切地把握变革中国实践的丰富性、具体性、多样性、差异性、开放性和特定历史逻辑,真切地把握变革中国是以怎样的姿态朝着现代中国演进的。相反,任何以现成的概念、现成的结论或现成的理论来理解变革中国,都只能是一种主观性的推理推演,这其实是对变革中国采取的一种历史虚无主义态度。

其二,提出"'法与改革'联合结构",并不是要将"法"与"改革"这两个概念当作现成品进行便捷消费。稍加观察,就会发现,与实践中的"法"与"改革"向前推进,成为变革中国的重要推动力形成巨大反差的是,长期以来,在学术领域存在着将日常用语中的"法"与"改革"同学术研究中的"法"与"改革"相混淆并进行便捷化消费的现象。造成这种便捷化消费的原因在于:一是无论从历史还是现实来看,"法"与"改革"都是两个使用频度很高的词汇,与人类文明的历史和人们的日常生活相随相伴,这样的语境,在相当程度上规定了学术研究的语境,学术研究中对其进行便捷化消费,因此,也就成为顺理成章的事;二是更为紧要的是,隐藏在这种便捷化消费背后的，是我们对"法"与"改革"的一种天然和本能的默许和认可，这种天然和本能的默许和认可，其实就意味着"法"与"改革"具有不言自明的正当性。至此，仍然需要我们进一步追问，是一种什么样的原因导致这种印象式的捍卫和印象式的坚持？进一步的思考告诉我们，这种印象式的捍卫和印象式的坚持之所以成为一种比较流行的现象，实是受一种"支配性力量"支配的结果，而这种"支配性力量"，就是来自传统、西方和现实经验的合谋，而无论来自哪方面，其实都是在如前面所言及的"学徒状态"的依赖性品格作用下，学术教条主义的具体体现。

其三，与这种印象式的捍卫和印象式的坚持形成鲜明对照的是，"法与改革"联合结构中的"法"与"改革"，其实质就是对"法"与"改革"的"自我主张"[1]，而这种对"法"与"改革"的"自我主张"，其实就是对现实中国的切实把握和内在审视。具言之，这种切实把握和内在审视体现在以下几个方面。

一是在"法与改革"联合结构中，将1978年以来中国社会所进行的改革与中国历史和世界历史上其他国家和地区所进行的改革进行了第一次剥离，以此体现出当代中国改革的独特性和唯一性；在进行第一次剥离的基础上，又进一步把基于政策和宪法法律层面的关于改革的种种主张和规定与变革中国的社会实践进行了第二次剥离，以此体现出当代中国通过改革"变革中国"的本质。

---

[1] 吴晓明:《中国可能开启一种新文明类型，哲学社会科学创新必须摆脱"学徒状态"》，在上海市社联第十二届"学会学术活动月"首届会长论坛上的发言，载《上观新闻》2018年12月5日。

二是经过两次剥离后，进一步将1978年以来中国社会变革中的"法"与"改革"所独有的意义呈现出来，即从起点意义上看，始于1978年的变革中国社会变革中的"法"与"改革"升华为一种"联合结构"，是中国共产党作为马克思主义执政党人民性的最集中体现。中国共产党关于改革的主张与历史上中国共产党关于革命和建设的主张一脉相承，而中国共产党关于改革的主张区别于关于革命、建设主张的特别之处就在于，经过革命和建设阶段，中国共产党带领人民最终找到了一条变革中国的正确道路。在事关变革中国道路选择的问题上，中国共产党作出的历史选择，实质上就是对人民期望的回应，这样的回应，就是对人民意志的落定；只不过这里的人民意志是以"法与改革"联合结构所呈现出的一种规范意义的表达。这一规范意义的表达意味着通过"法与改革"联合结构从根本上确立了变革中国的、凯尔森意义上的基础规范地位，因此所表达的是对中国社会秩序和社会结构的塑造方式，由此可以得出，"法与改革"联合结构在事实上和法理上奠定了中国改革和法治发展的合法性基础和正当性基础，也因此成为宪法修正以及法律立废改的法理基石，最终从事实和法理层面，彻底打通了法与改革的沟通渠道；"法与改革"联合结构内涵的法理通透性，在于能够把1978年以来中国的改革与中国历史上的改革（如商鞅变法、王安石变法等）、中国近代以来晚清政府所进行的改革、以苏联为代表的其他传统社会主义国家的改革、日本的明治维新等所有其他一切改革[1]进行一种本质上的

---

[1] 纵观历史上的一些改革之所以最终走向失败，原因固然有许多，但是，从根本上看，则是因人民性的丧失所致；对中国历史上的商鞅变法、王安石变法和日本明治维新的梳理也会发现，这些改革由于历史的局限性，其改革的效果也仅具有局部意义。

区分。通过对"法与改革"联合结构的审视，得以洞见，1978年以来变革中国社会变革的过程就是一个全面赋权的过程，就是一个法权结构全面建构的过程，就是一个人的主体结构全面建构的过程，进而就是一种法治文明秩序全面建构的过程。这样层层推进的四层逻辑，意味着从法理上将中国社会变革本身与为推进中国社会变革而在政策层面和宪法法律层面的设计区分开来，明确了政策、宪法法律层面的设计原本是为中国社会变革服务的，进而有关党政层面所进行的种种改革包括近年来一直推行的"放管服"改革之根据、之效果，有了终极意义上的评判依据；意味着中国社会变革乃是一种法本质法属性的具体呈现，而这种法本质法属性的具体呈现内在地包含了"法与改革"联合结构这一命题的指向，进而从根本上回答了当代中国立法的正当性和合法性问题，解决了"法自何出""法由何生"这一根本问题，同时也验证了马克思所主张的"立法权并不创立法律，它只披露和表述法律"这一论断的正确性。[1]

三是从终极意义上看，"法与改革"联合结构，蕴含"一种法治文明秩序"这一根本指向。就一般意义而言，没有秩序就没有一切，秩序是自由、民主、公正、法治、正义等价值得以存在的基本前提。就中国近代以来的历史而言，建构现代民族国家就是在建立一种现代文明秩序，然而这种现代文明秩序究竟是一种什么样的秩序，究竟以什么样的方式建立，所有这些问题，在动荡动乱的中国社会中，或如镜中花、水中月，或如歧路亡羊。在"法与改革"联合结构中，呈现在我们面前的

---

[1]《马克思恩格斯全集》第3卷，人民出版社2002年版，第74页。

是一种以法治为表达的现代文明秩序的生成之道,而这种法治文明秩序既不是对世界上和历史上任何国家和民族秩序建构方式的复制和模仿,也绝不是哈耶克意义上的"自生自发秩序",而是立基于中国、具有中国特色和中国主张的秩序建构方式,这种法治秩序的建构方式所经历的从外在于中国社会到内生于中国社会的转变,实是经由"法与改革"联合结构而催生和达致的,是一种内含于"法与改革"联合结构,由"法与改革"联合结构塑造的法治秩序。通过"法与改革"联合结构所塑造的这样一种法治文明秩序,是一个经由"时间之窗"得以显现的过程,是一种个人自由有序扩展与国家有效约束的和谐秩序的历史展开,是一种经由"中国法理"表达的秩序。因此,从变革中国社会变革的现实向度看,是"一种法治文明秩序",而隐藏在这一现实背后的则是"一种法理秩序"的深层结构[1]。至此可以得出,"'法与改革'联合结构:一种法治文明秩序的生成之道"所具有的特别的意义在于,其提供了近代以来中国建立现代民族国家的路径遵循和目标指向,这样一种

---

[1] 进一步讲,这种立基于"法与改革"联合而建构的法理秩序具有多元塑造、多元表达、和谐共生的特征:政治层面表现为中国共产党领导的多党合作和政治协商制度的政党和谐构建格局,党的领导、人民当家作主与依法治国有机统一的政治治理的和谐构建格局,中央集中统一领导与发挥地方积极性的央地关系和谐构建格局;民族关系层面表现为局部地区的民族区域自治制度与各民族(宪法修改后的和谐关系的表达)共存共建的和谐民族关系构建格局;经济领域表现为以公有制为基础多种所有制共同发展的和谐经济关系构建格局;全国各地区之间的关系表现为在中央领导下,实行包括"西部大开发""东北振兴""中部崛起""精准扶贫"在内的和谐发展构建格局;世界关系层面,体现为以实施"一带一路"倡议为牵引的人类命运共同体的和谐构建格局。考察这些关系,有这样两个共同的特点:一个是关系的和谐性;一个是在两种或多种关系中,共和格局、共和理念、共和精神的生动体现。

秩序及其建构理路，彻底解决了1840年以来，中国从传统向现代转变的路径遵循和变革方向问题。至此，我们发现："'法与改革'联合结构：一种法治文明秩序的生成之道"这一命题是一个有机的整体，从这一有机整体中不仅可以得出"法"与"改革"是当代中国最根本的实践这一结论，而且可以发现对当代中国寻找最强有力分析概念的过程中所内含的"分析视角"，而这种所谓的"分析视角"其实就是一种"自我主张"[1]。

其次，"'法与改革'联合结构：一种法治文明秩序的生成之道"是遵循逻辑与历史相统一这一规律的结晶。一个成熟的概念或命题，并不是任何个人的主观臆断，而只能来源于实践，来源于变革中国社会深刻的历史运动，只能遵循逻辑与历史相统一这一规律。同样，"'法与改革'联合结构：一种法治文明秩序的生成之道"也是遵循逻辑与历史相统一规律的产物。在此我们应认识到，同其他任何概念一样，"'法与改革'联合结构：一种法治文明秩序的生成之道"遵循逻辑与历史相统一的规律并不能一步到位，也不是机械对标，而是一个历史提炼的过程，唯有如此，才能真正实现概念成长同变革中国的历史同步。

其一，要确立变革中国主体性的基本立场。为此，要切实做到"外部反思"的内部化。"'外部反思'并不是我们不熟悉的东西，它就是我们通常称为教条主义（哲学上更多地称为形

---

[1] 吴晓明：《中国可能开启一种新文明类型，哲学社会科学创新必须摆脱"学徒状态"》，在上海市社联第十二届"学会学术活动月"首届会长论坛上的发言，载《上观新闻》2018年12月5日。

式主义）的东西，因为教条主义就是不知道'事物'本身，就是不能抵达事物的实体性内容，而仅仅把抽象的原则、教条、公式先验地强加到任何内容之上。"[1]显然，中国共产党吃过这种"外部反思"即教条主义的苦头，因之付出过沉重的代价。但是，难能可贵的是，中国共产党做到了"外部反思"的内部化。这就是，立足中国实际，解决中国问题，以中国的实践作为一切思考和理论创造的出发点和落脚点，在此前提下实现马克思主义中国化时代化。在这里，马克思主义中国化时代化，其实就是"外部反思"内部化的理论表达。"法与改革"联合结构之区别于关于"法与改革"关系研究的根本之处，就在于在理论和学术立场上主张"外部反思"的内部化，确立起变革中国主体性的基本立场。而与变革中国主体性的基本立场相对应的，就是西方、传统、经验仅具有理论上的参照性，在变革中国主体性的基本立场所确立的"主体中国"的坐标体系中，西方、传统和来自经验的种种参照性资源得到了创造性转化，以体现出其变革中国真正的理论价值和理论水准。

其二，要确立一种长时间段的研究立场。一项概念或一项命题都是建立在普遍认同的基础上，最终体现为一种权威性的意识、权威性的方法和权威性的制度安排等。这种普遍认同及其权威性表达，并不是依靠单纯的意识自觉建立起来的，而需要经历真正的历史，需要长时间段的历练。中国共产党在概念的提出和走向成熟方面，也是经历了长时间段的结果。如"理

---

[1] 吴晓明：《中国可能开启一种新文明类型，哲学社会科学创新必须摆脱"学徒状态"》，在上海市社联第十二届"学会学术活动月"首届会长论坛上的发言，载《上观新闻》2018年12月5日。

论联系实际"就是中国共产党立足中国实际所确立的一项重要命题,但是这样的命题,是经过长时间的锤炼而确立起来的。长时间段的立场体现在"法与改革"联合结构中,就是"法与改革"联合结构是始终面向中国现实的开放性结构,为此,要始终立足变革中国"法"与"改革"的实践,深度阐释其中所包含的各种问题,如对"家庭联产承包责任制""农民工""人类命运共同体"等问题的研究,就是一种很好的、具体的选择,通过这种研究的连续性,以期形成概念空间和理论的成长空间。

其三,要注重对实践的分析能力。实践是丰富多样的,变革中国社会的实践更因其丰富性和圆满性,而呈现出多样性和差异性,这就要求我们在对"法与改革"联合结构的研究中,始终注重对实践的分析能力。"理论联系实践",要求探索"实践的逻辑",从实践中拧出它的(常常是未经明确表达的)逻辑,由此提炼出抽象的理论概念,而绝对不是纯粹经验研究的累积。[1]要自觉关注变革中国实践内含的差异性和变异性,切实做到如黄宗智先生所指出的:"正是这样一个多种社会类型并存的社会迫使我们抛弃简单的理念化了的类型分析和结构分析,而着眼于混合体中的历史演变过程本身。"[2]"正因为现有单一类型理论的不足,我们需要从混合社会的历史实际出发来创建新的理论概念。""正因为社会现实不符合现存的理论

---

[1] 黄宗智:《认识中国——走向从实践出发的社会科学》,《中国社会科学》2005年第1期。

[2] 黄宗智:《认识中国——走向从实践出发的社会科学》,《中国社会科学》2005年第1期。

建构，我们必须深入社会去了解它的实际以及其运作逻辑。"[1] 唯其如此，为"法与改革"联合结构所必需的真正的"自我主张"才能随着变革中国社会变革的节奏和真相的呈现而逐渐展示出来，最终体现为一种与变革中国的丰富性和圆满性相称的理论创新的丰富性和圆满性，呈现出一个充实丰盈的"概念体"和"理论体"。

六

自1978年以来，中国社会所发生的变迁，以及由此导致的变革中国与中国置身其中的世界关系的深刻变化，以极其充分的事实说明了对于中国来说，已经实现了从原初只是政策意义上的改革到变革中国社会的历史性转变；对于世界来说，已经实现了变革中国与变革中国置身其中的世界体系之间的、世界影响中国和中国影响世界的关系性审视视角的转变，这意味着"中国的世界"与"世界的中国"之间正在形成一种建立在平等基础上的分享结构，这对中国历史和世界历史而言，都是前所未有的新的历史的创造；但是，面对改革引起的中国社会的巨变和对世界的重大影响，到目前为止，在相当程度上，我们还只是将"改革"当作一个现成的、在不同场景下为人们所普遍和随意运用的、似乎"了然于胸"的概念。这意味着自1978年实行改革开放至今，对中国社会来说，"改革"本来就是一个可以自然拿来使用、其意义已然"澄明"而无须作出进一步界定的概念。须知，这种对待改革的态度，至少导致这

---

[1] 黄宗智:《认识中国——走向从实践出发的社会科学》，《中国社会科学》2005年第1期。

样两个后果：一个是对于中国社会自身来说，自1978年以来的"改革"，究竟意味着什么，对这一问题因此失去了进一步追问的可能？进一步讲，这同时意味着我们因之没有也无法建立一种关于"改革"与中国"社会"的关系性审视视角，从而也就失去了对"改革的性质"究竟为何这一至为根本性问题的思考；另一个是相对于中国置身其中的外部世界以及中国历史和世界历史，没有对"改革"这个被同样运用的"语词"进行自觉的、有目的的区分，这不仅导致在古今和中外"语境"中的"改革"在概念上的混淆，而且由于这样的混淆，失去了对1978年以来的"改革"之于中国社会和中国置身其中的外部世界、之于中国历史和世界历史的"特殊性"这一根本性问题的审视，进而也就意味着从根本上丧失了审视1978年以来的中国社会和中国置身其间的外部世界"改革"的维度。

在"法"的层面，一方面，同样是以1978年为起点，与改革开放同步，中国社会在历史上第一次进入了一个"法"的时代，而随着变革中国以法治现代化的方式展开，"法"在中国社会也经历了由"法制"到"法治"直至"法治中国"的重要历史变迁。改革开放以来变革中国法治现代化的历史，充分体现出"法"之于变革中国的重要性和特殊性，以至于改革开放以来变革中国的生成和演进逻辑，完全可以用法治现代化来加以概括。另一方面，与变革中国进入"法"时代形成鲜明对照的是，在学术层面，在普遍的社会认知层面，从改革开放至今，由于受长期以来的源于中国社会的单一的、片面的、根深蒂固的立法思维和制定法思维的支配，在相当程度上，对法的理解主要还停留在"立法法理学"和"司法法理学"层面，以为变革中国的"法"仅仅是为了服务于中国社会而通过立法人为制定出来的,至于"法治"则只是由"立法""司法""执法""守法"等环节构成的一种闭合结构和闭合循环。这样一种对待"法"的态度,决定了中国"法"自身存在场域上的局限性和与变革中国社会变革缺乏内在的互动性,与变革中国社会难以形成一种深层的内在关联,难以体现出"法"于变革中国社会的建构性作用,两者之间只是一种外部性关系。中国"法"与变革中国这种关系上的外部性,所导致的后果是,我们无法建构一种中国"法"与变革中国社会变革的关系性审视视角。而因为这种关系性审视视角的缺失,进而也就使得我们无法洞见与变革中国相适应的中国"法"的生成和演进逻辑,无法洞见变革中国所经历的真正的"法"时代,无法洞见与变革中国社会变革相照应的中国"法"的真正历史,导致对法与改革关系这一变革中国的基本法理问题思考的学术品质严重不足的问题,进而也就无法建构与变革中国相适应的、体现变革中国主体性品格的、具有知识增量意义的"普遍法理学"和"特殊法理学"。

鉴于此,对"法与改革"联合结构的思考至少应包括这样三个基本向度:一是对"什么是改革""什么是法"的建设性阐释,通过这种建设性阐释,实现"法"与"改革"由原来的悬置于中国社会的外部性存在向植入中国社会内部的转变,这是建构法与改革关系的基础和前提。二是对"法与改革"联合结构究竟为何的追问,这其实是在对"什么是改革""什么是法"进行建设性阐释的基础上,对"法"与"改革"关系的重构,通过这样的重构,使得"法"与"改革"由原来的分离结构转化为以"法与改革"联合结构为表达的一体化分享结构；三是进一步建构"法与改革"联合结构与变革中国的关系性审视视角，通过建构"法与改革"联合结构与变革中国的关系性审视视角，确立"一种法治文明秩序"这一目标指向。

至于"一种法治文明秩序"，变革中国与变革中国置身世界体系的总体语境，决定了一个新概念或新命题的产生，既是在一种开放的结构化语境中通过与其他相关概念或命题的比较界定的，又是在变革中国社会变革的实践中得到提炼的，"一种法治文明秩序"也不例外。为此，对"一种法治文明秩序"的界定，首先应该明确其在性质上是"法治文明秩序"，必须符合现代法治的一般性特征；然后需要进一步明确"一种法治文明秩序"之"一种"意在表明变革中国赋予"法治文明秩序"特定的中国性。据此，我们可以将"一种法治文明秩序"界定为：具有现代法治的一般性特征，以"法与改革"联合结构作为其生成和演进逻辑，具有鲜明中国性，以构建人类命运共同体为共同愿景的一种法治文明秩序。

第一章
"法与改革"联合结构的概念初析

从 1840 年开始，中国走上了一条相异于以往的变革之路，这条变革之路或以革命或以建设或以改革的面目呈现，构成了近代以来中国的历史进程。新中国的成立和新中国成立后取得的一系列成就虽然为变革中国的社会变革提供了制度保障、奠定了重要基础，但是，并没有寻找到一条正确的道路。实行改革开放的 1978 年，是找到这条正确道路的标志性时刻。

1978 年开启的改革开放，是一次彻底、深刻、全面、持久的社会变革，这场持续 45 年并仍在进行的社会变革的性质是什么？是一种什么样的力量、以什么样的方式推进了这一变革？面对这一轮廓日渐清晰和不断走向立体化的变革，我们不能仅仅止于经验层面的总结，而应对其进行概念和理论上的加工，以期使这一变革呈现出逻辑与历史相统一的本来面目。梳理 1978 年以来中国的社会变革，我们发现，由"法"与"改革"这两个根本要素联结而成的"法与改革"联合结构，构成了理解和阐释这一变革的核心概念范畴。本章的目的在于，对"法与改革"联合结构进行概念初析，通过这种概念初析使我们对"法与改革"联合结构有一个比较清晰的认识，并为进一步的研究奠定基础。而之所以是概念初析，是因为一方面，对"法与改革"联合结构这样一个概念的认识是随着文章的推进而不断走向深化的；另一方面，是因为"法与改革"联合结构这样一个概念必然经历"概念史"的锤炼，这种锤炼其实就是变革中国社会面向未来继续变革的实践。

第一节　逻辑与历史相统一规律的完整表达

马克思指出:"人应该在实践中证明自己思维的真理性,即自己思维的现实性和力量,自己思维的此岸性。关于离开实践的思维的现实性或非现实性的争论,是一个纯粹经院哲学的问题。"[1]研究中国社会,必须立基于中国,以切中中国现实为旨归,这是思考中国问题的不二法门。唯其如此,关于中国问题的研究才不至于成为脱离中国实际的玄想,而是立足中国实际的主观见之于客观的、遵循逻辑与历史相统一规律的创造性活动。"法与改革"联合结构就是对变革中国社会变革遵循逻辑与历史相统一规律的完整表达。

一、"法与改革"联合结构蕴含的中国历史

什么是改革开放以来的中国历史,或者说我们可以用什么样的方式来概括改革开放以来的中国历史,对这一问题的回答,是"法与改革"联合结构这一概念首先面对的问题,只有回答了这一问题,"法与改革"联合结构才有成立的现实条件。

所谓历史,就是现实的时空经历,是实践的时空拓展。在此,时空与历史并不是分离与割裂的,而是指时空本身就构成了历史。因为时空的这种历史属性,所以这里的时空必然不是

---

[1]《马克思恩格斯选集》第1卷,人民出版社1995年版,第58—59页。

自然意义上的时空,而是与实践同在同构,不断展示实践丰富性的时空。既然要展示实践的丰富性,当然需要一定的时空积累,这样的时空积累,才是真正的经历,才构成了真正的历史,而任何短暂的或稍纵即逝的时空经历,顶多是历史的一些"碎片"或过门,难以构成历史本身。这样一个对时空的理解,不仅为我们把握改革开放以来的中国历史指明了方向,而且奠定了切实的历史根基。

起步于 1978 年的改革,迄今已经过了 45 年的历史。45 年的历史、45 年的时空经历,在人类历史的长河中是一个相对比较短暂的片段,在历史学家汤因比所确立的"长时间段"的历史视野中,更显微不足道。然而,立足变革中国社会变革的历史审视这 45 年,虽然短暂,但也足以形成真正的历史。这是因为对中国来说,这 45 年的时空经历,不仅具有看得见的体量上的剧增,更具有隐性的质量上的巨变。这 45 年,不仅通过历数成就,构成了与过往、他人相比较,以 GDP 增长为标志的各项指标增量发展的 45 年,更为紧要的是这 45 年,形成了对"什么是中国"这一根本问题可以作出回答的 45 年。自 1840 年鸦片战争以来,由于受外力干扰,传统中国的连续性被迫中断,从此,我们走上了一条重新定义中国的道路。在这条道路上,经历了难以计数的磨难和坎坷,承受了难以估量的代价和损失,在不同时间段也取得了不同的成就,其中包括以取得政权和实现国家独立为标志的新中国的成立这样巨大的、标志性的历史成就。然而,国家完整性和自主性难以维持、政权难以自保、以战争动荡动乱运动为标志的社会的非正常运行等基本现实,这一切足以说明,在定义中国的问题上,始终处于一种难以定型的状态。改革开放的45年，与以往的不同之处就在于，这是一个以比较明确的目标、方向和路径定义中国的45年。审视这45年，可以为定义中国提供"基本判准"，并依据这一"基本判准"重新出发，进行持续性的定义，因此说为理解变革中国的社会变革及其未来走向提供了基本的路径依赖。进一步讲，如果说1840年至1978年以前的一百多年，由于受主客观条件和内外因素的制约，一直无法从容定义中国，1978年至今在定义中国的问题上显得有些时空逼仄的话，那么，今天，我们则处于"定义中国"的临界时刻。

改革开放45年对中国进行定义的过程，构成了中国的时空经历、中国的实践、中国的历史。那么，接下来的问题是：是什么构成了改革开放以来中国的时空经历、中国的实践、中国的历史，一言以蔽之，我们怎样概括45年中国的实践？45年中国的实践足以称得上丰富、称得上圆满，然而，把握45年丰富圆满的实践，有这样两个历史标识：第一个根本历史标识是改革。改革是过去45年中国社会最鲜明的特点。45年的改革不仅全面变革了中国社会、变革了国家、变革了作为执政党的中国共产党，变革了中国人，更为紧要的是改革已由最初的一种政策和策略的选择演变为中国社会的存在方式、中国作为一个国家的存在方式、中国共产党的存在方式，更为根本的是中国人的存在方式，实现了由中国变革向变革中国的转变，从而成为一个连接和贯通过去、现在和将来，塑造和重建中国历史，形成新的中国历史景观的持续性力量。如果用一个首选的关键词来概括过去45年中国社会最重要、最根本的实践是什么？毫无疑问会选择改革，其他任何概念都没有用"改革"来概括过去 45 年的实践更精当的了，到今天，改革已成为深度理解中国社会的居于首位的标识性概念。

第二个根本历史标识是法。中国对改革的选择和对法的选择，处于同一历史起点，并非偶然，而是具有相当的历史必然性。之所以这样讲，是因为无论是改革还是法，都是对过去长期以来的中国社会秩序的非正常状态进行深刻反思的前提下体现出的历史自觉，都具有回归社会正常生活秩序的明确指向。没有秩序就没有一切，正是源于对过去相当长一段时间内运动哲学、运动思维支配下，社会现实层面和社会心理层面失序半失序状态的深刻洞见，中国共产党才在 1978 年这一同一历史起点上，把改革与法作为最重要的历史抉择。如果说当初中国共产党对改革与法的选择还是一种政策层面的朴素选择，而且这两项选择对中国社会未来影响的历史能见度尚不清晰的话，那么，到今天，当中国"法"的历史从改革开放之初仅仅局限于工具意义的"立法"跃升至以"法治中国"来表达变革中国的"理想图景"，当作为执政党的中国共产党从改革开放之初仅仅局限于必须在宪法和法律范围内活动的守法要求跃升至以依规治党为表征的"法治型政党"时，则完全可以说，我们对法的选择，其意义已经远远超越了基于对历史经验和教训的总结这一基础要求，而具有与改革等量齐观的重大历史意义。

中国对法的选择，不仅赋予法维持和保障社会秩序的基本功能，为改革提供了持续有力的保障，而且法本身也取得了与变革中国社会变革同步成长的效果,取得了主动适应和建构中国社会,进而最终使中国社会进入一种具有中国特色和法治一般性特征的"法治中国"的"法治理想图景",呈现出具有中国特色和法治一般性特征的"一种法治文明秩序"。总结45年中国"法"成长进步的历史,可以得出以下五个基本结论:

其一,法在经济、政治、社会、文化、生态等全领域发挥了最基本的秩序功能,从改革开放之初的"有法可依,有法必依,执法必严,违法必究",到现在的"科学立法,公正司法,严格执法,全民守法",其实就是对法发挥这种最基本的秩序功能的高度概括。

其二,在改革过程中所遵循的改革的法治化路径,为改革的渐进式推进提供了合法性保障。长期以来,我们用"摸着石头过河"来形容中国改革的渐进式特征。这样的形容是从改革没有先例可循、没有成功经验可鉴,只能从中国实际出发,在逐步摸索中向前推进的角度讲的。事实上,在这种渐进式的改革中,我们丝毫不能低估法在其中所起的建设性作用,正是法对改革所进行的阶段性的固化凝练和规范表达,不但为这种渐进式的改革提供了一种常态化的担保机制,而且使改革本身变成了一种法的表达形式。

其三,改革法治化的过程,同时也是实现法的中国化的过程。当代中国法的一个鲜明特点,就是将法自身的成长进步与改革的成长进步融为一体,从而实现了法的改革化。在法的改革化的过程中,虽然在立法层面经历了大规模的法律移植阶段，也存在着一定时期和不同程度的"法治大跃进"现象[1]，但从中国法成长的总体规律和总体特点看，从与变革中国社会变革的实质关系看，就是一个法的改革化过程。这种法的改革化，在为改革提供法的保障的同时，自身也经由改革化经历了一个逐步中国化的过程，从而使得中国法的成长进步，虽然获取了大量的外来资源，包括加入WTO后为了与国际接轨，所进行的大规模的法律移植，但是，总体上由于实现了这种法治外在资源在中国社会的内在化，始终立基于变革中国的社会变革推动法治现代化，因此能够确保具有中国的自主性，并在中国特色的轨迹上运行，从根本上体现的是中国共产党关于法治发展的自我主张。

其四，通过这种改革的法治化和法的改革化而达致的法与改革在国家治理层面的深度对接，不仅使法与改革取得了目标指向上的统一，而且取得了在具体推进过程中的融合。党的十八届三中全会通过的《中共中央关于全面深化改革若干重大问题的决定》明确提出了"全面深化改革的总目标是完善和发展中国特色社会主义制度、推进国家治理体系和治理能力现代化"。改革总目标的提出，是改革法治化的必然结果，说明改革已经从最初的对物质财富的追求转变为对制度规则的追求，在这种追求中，内含的是执政党所主导的国家治理体系和治理能力的法治诉求，而坚持在法治轨道上推进国家治理体系和治理能力现代化的提出，更是意味着法治成为国家治理和社会治

---

[1] 姚建宗、侯学宾:《中国"法治大跃进"批判》,《法律科学》2016年第4期。

理的基本路径。

其五，更为紧要的是，随着改革与法在中国社会的成长进步，中国社会层面所呈现出法的生活化现象。改革开放之前的中国社会是一个基本上处于"无法状态"的社会，这种"无法状态"不仅表现为立法上的空白，更表现为国家政治秩序、经济秩序和社会秩序中法元素的贫乏。之所以法元素贫乏，从根本上看，是由当时单一化的经济结构和社会结构所决定的。改革开放的过程就是一个中国社会生活走向复杂化的过程，在这一过程中，由经济市场化促成的经济生活化和生活经济化，对中国社会生活走向复杂化起了决定性作用。法是社会生活复杂化的产物，这不仅表现在复杂化的社会生活需要法规范约束这一显性层面，更表现在复杂化的社会生活所内含的隐形的法元素的普遍性存在，而正是这种隐性的法元素的普遍性存在，使中国社会越来越呈现出一种具有普遍和总体意义的法理结构。建基于中国社会生活复杂化基础上的这种法理结构，是中国社会秩序深层的法理表达，这种法理表达同时构成了中国社会秩序结构的基础性结构。正是法的生活化所促成的中国社会秩序结构上的法理化，使得中国的社会秩序具备了普遍性的法理支撑，中国社会也逐步进入了韦伯所言的"法理型社会"。

法的生活化所促成的中国社会生活的法理化，就法治层面而言，是中国的法治建设由中国法治向法治中国转变的根本标志；就改革层面而言，则是法与改革深度融合的社会结晶。法的生活化所促成的中国社会生活的法理化，不仅在 1978 年以来改革和法的成长进步的历史上，具有特别重要的意义，而且在整个中国历史上，都具有特别重要的意义。之所以这样讲，是因为这一转变意味着几千年以来中国社会的变革方式、中国社会的存在方式的一场深刻的革命，当然也是中国文明秩序的一场深刻革命。基于以上论述，以法和改革作为衡量1978年以来中国社会变革实践的根本尺度，不仅具有充分的现实合理性，而且具有相应的历史必然性。

二、"法与改革"联合结构蕴含的中国逻辑

以法和改革为历史标识的中国社会变革，蕴含着深厚的中国逻辑，如果没有这样深厚的中国逻辑，中国的改革和法的成长进步，就不会走到今天这一步。对1978年以来变革中国的社会变革基于法和改革这两个历史标识的概括，仍然是一种基于实践层面的经验总结，这样的经验总结，虽然摆脱了黑格尔式的主观辩证法中缺乏"实践"这一历史维度的空洞的思辨玄想，但仍然没有上升到中国逻辑的层面，而仅仅是抵达中国逻辑层面在思维层面需要停留的短暂时刻。之所以这样讲，是因为将法与改革作为衡量1978年以来变革中国社会变革的两个历史标识，这样的概括还处于经验层面，是通过"法"与"改革"同变革中国社会变革这一历史背景的映衬对照，凸显其重要性的。这种把法与改革置身于变革中国社会变革历史背景中所凸显的重要性，仍然是一种直观意义上的重要性，它没有回答法与改革同中国社会变革所建立的关系的实质究竟是什么这一更为根本性的问题。对这一问题的追问，其实就是与中国历

史相对应的中国逻辑的出场。

所谓中国逻辑,就是对经验环节作进一步的概念上的提炼和加工,而"法与改革"联合结构就是经过这种概念上的提炼和加工后所形成的中国逻辑的表达形式。之所以这么说,其原因在于以下三点:

其一,"法与改革"联合结构是对1978年以来中国社会变革的实践在概念层面的高度概括。概念是建立在实践基础上的,对丰富生动的社会实践的概括总结,基于此,对1978年以来变革中国社会变革实践进行概念层面的提炼和概括,只能立基于中国实践。但是,与此同时,我们也应意识到,立基于变革中国社会变革实践的思考,仍然有停留于经验层面的可能。事实上,面对变革中国社会变革实践,我们或从经验总结的角度,或从既有政策理论阐释的角度,或从传统资源利用的角度,或从西方资源利用的角度,进行了种种努力和尝试,并取得了丰硕成果。然而,所有这些努力和尝试,都有一个共同的特点,那就是都是一种具有"依赖品格"的"外在思考",因此也都是一种适应型研究。"这种努力往往是事先已经有了结论,最多也只是一种适应型研究。"[1]这种适用型研究虽然也与实践照面,但这里所谓的照面仅仅停留于观察层面,其重心所在或是文本资料或是现实材料,所谓研究,其实是对资料或材料进行物理意义上的加工,而非生成意义上的理论创新,这其实也是教条主义在理论研究方面的具体表现。导致这一结果

---

[1] 苏力:《当代中国的中央与地方分权——重读毛泽东〈论十大关系〉第五节》,《中国社会科学》2004年第2期。

的根本原因，没有别的，只能是没有遵循"理论来源于实践"这一理论创新规律。由于背离了这一规律或没有契合这一规律，结果是只能从古人或洋人那里寻宝，或满足于对眼前现实的简单加工，这都是理论研究上的一种"学徒状态"，而无法上升至"自我主张"的历史自觉。

"法与改革"联合结构则是植根于变革中国社会变革实践的概念表达。这一概念表述，没有复杂的、脱离于变革中国社会变革实践的"概念史"，也不是从古人或国外寻找现成答案，而是把思考的出发点和落脚点置于变革中国社会变革的实践中。1978年以来变革中国社会变革的实践，以改革和法作为根本历史标识。其中，改革与"变革中国"直接对应，法与"法治中国"直接对应，如此，"变革中国"与"法治中国"就是对改革开放以来变革中国社会变革实践的两种基本表达方式。从改革开放的时空经历看，"变革中国"与"法治中国"统一于改革开放以来变革中国社会变革的实践，是对中国改革开放以来同一社会实践不同侧面的概括。"变革中国"与"法治中国"统一于改革开放以来变革中国社会变革的实践，其意所指，就是1978年以来变革中国社会变革实践，是经由法与改革合力作用的结果，而"法与改革"联合结构就是对这种合力的概念表达。

其二，"法与改革"联合结构为1978年以来变革中国社会变革的实质提供了基本判准。1978年以来中国社会变革的历程，实质上就是一个定义中国的过程。定义中国的过程，就是对变革中国社会变革的实质是什么这一根本问题的回答。一如我们所知,自鸦片战争以来,中国社会就走上了一条相异于以往的变革之路。这究竟是怎样的一条变革之路,即这条变革之路的实质是什么?对此,我们可以尝试给出不同答案,然而在这些不同的答案中,或实现人民富裕和国家富强,或置身鸦片战争以来历史视野中的"传统—现代"分析框架基础上的现代文明秩序的确立,或对中国模式、中国经验的总结,或对"法治中国"的建设,凡此种种,因为缺乏当代中国的主体性品格这一明确指向和在这一明确指向下的概念提炼和理论研判,其实都是对中国问题的一种"外部反思",而非对变革中国社会变革实践切实关怀基础上的"自我主张",因此,都是一种关于中国的思考,而非根据中国的思考。"法与改革"联合结构,不仅经由"法"与"改革"这两个根本历史标识切入变革中国社会变革的内部,建立起与变革中国社会变革的"关系性审视视角",而且经过这种关系性审视将变革中国社会变革的实践在概念层面概括为"法与改革"联合结构。这样的概括,之所以不是对1978年以来变革中国社会变革实践在经验层面的总结,而是立基于"中国历史"建构起的"中国逻辑",就是因为这样的表达方式为1978年以来变革中国社会变革实践的性质提供了基本判准。"法与改革"联合结构作为由"法"与"改革"组合而成的联合体,不仅内含"法"与"改革"这两个衡量变革中国社会变革实践的根本历史标识,更为紧要的是,经由"法"与"改革"联结而成的"法与改革"联合结构,完成了"法"与"改革"从实践层面到逻辑层面的概念跃升,这一跃升内含变革中国社会变革的实质这一明确指向。

以 1840 年的鸦片战争为标志，中国社会走上了寻求一条新的文明变革之路的历史，将这条文明变革之路概括为基于"传统—现代"分析框架下，传统文明秩序向现代文明秩序的转变，其结论似乎是正确的。但与此同时，这一结论因为是建立在基于西方现代化立场、受西方"现代化范式"支配的判准上，因此，中国发生由传统文明秩序向现代文明秩序的转变，针对这一判准仅仅具有参照性，这一判准不仅适用于中国社会，而且适用于一切由传统向现代转变的其他国家和民族；因此，"传统—现代"分析框架并不是针对变革中国社会变革实践而建立起来的根据中国的判断，中国只不过是适用于其中的一个实例而已。而就针对中国而言，这一判准事实上也适用于1840 年鸦片战争以来中国所经历的一切时间段，由此，也就从事实上和法理上去除了以"法"和"改革"为根本历史标识的改革开放以来变革中国社会变革这一历史维度；因此，也就失去了对改革开放以来变革中国社会变革的实质究竟是什么这一根本问题进行追问的可能性。以"法与改革"联合结构作为基本判准的中国社会变革实践，就是通过"法与改革"联合结构回答了 1978 年以来变革中国社会变革的实质究竟是什么样的问题。进一步讲，也可以切换为对基于"传统—现代"分析框架下，1978 年以来中国社会由传统向现代文明秩序转变的目标指向问题。在这里，笔者将"法与改革"联合结构的目标指向概括为"一种法治文明秩序"。这里的所谓"一种法治文明秩序"即将 1978 年以来变革中国社会变革的实践与 1840 年以来中国其他时间段的变革作出了区分，又具有法治的一般性特征，同时因为其内涵的文明属性而具有相应的中国性。

其三，"法与改革"联合结构为1978年以来中国社会变革的路径提供了基本判准。对1978年以来变革中国社会变革实践的追问不仅包括对究竟是一种什么样的变革的实质追问，还包括对究竟怎样才能实现这一变革的路径追问，"法与改革"联合结构对这一问题也作出了自己的回答。在事实层面，我们完全可以把1978年以来变革中国社会变革的路径归结为改革，这一判断当然符合1978年以来变革中国社会变革的实际。然而，这样的概括虽然符合"中国历史"，但仍然是一种止于经验层面的概括，难以满足"中国逻辑"的要求。之所以这样讲，是因为在对变革中国社会变革的路径追问中，究竟隐含着一种什么样的改革使得中国社会变革走到今天，或者说是中国社会变革最重要的特点究竟是什么？显然，面对这样的追问，作出"改革"这一回答虽然正确，但还没有上升到逻辑层面。要上升到逻辑层面，别无他途，必须回到变革中国社会变革的实践进行进一步的追问。

就目标指向而言，1978年以来的中国社会变革实质上是"一种法治文明秩序"的生成。这里的"一种法治文明秩序"的明确指向，就是指改革开放以来中国社会变革由传统文明秩序向现代文明秩序转变的目标指向。由于是改革开放以来的中国语境，立基于此种判定，那么，我们同样可以说，1978年以来变革中国社会变革的最大特点就是生成"一种法治文明秩序"的改革。接下来需要思考的问题就是，这样"一种法治文明秩序"究竟是怎样生成的呢？答案就是"法与改革"联合结构,"法与改革"联合结构为1978年以来中国社会变革的路径遵循提供了基本判准。所谓1978年以来变革中国社会变革的路径遵循,其实就是指变革中国社会变革的时空展开。1978年以来变革中国的社会变革虽时有激进、时有保守,但始终将改革所追求的中国社会的变革变化与法所追求的有序性,内在地融合在中国社会这一"容器"中,此种融合其实就是"法与改革"联合结构在中国社会内部的结构性展开。1978年以来变革中国的社会变革是法与改革的辩证统一,是一种以法治为表征的有序变革,它将有节制的自由、有组织的放权、有制约的权威、有进取的保守辩证统一起来,从而体现为"一种法治文明秩序"这一新的文明秩序的生成和演进逻辑。

由"法与改革"联合结构所主导的中国社会变革,因为将变革循法而进与法因变革而生内在统一起来,所以呈现出鲜明的路径依赖的特点,遵循这种特点,推动中国社会稳步进入一个高度复杂的社会系统。尤为紧要的是,由于"法与改革"联合结构蕴含着体现历史自觉的一种由"法与改革"两者耦合而成的规范约束作用,这样复杂的社会系统呈现出的是一种稳态的秩序演进格局。

三、"法与改革"联合结构:逻辑与历史相统一规律的呈现方式

"法与改革"联合结构是对变革中国社会变革所遵循的中国历史与中国逻辑相统一规律的完整表达,既然如此,那么,对这种统一规律的理解就成为"法与改革"联合结构的应有

之义。

其一，中国社会变革所遵循的中国历史与中国逻辑相统一规律，根植于变革中国社会变革的实践。1978年以来变革中国社会变革的实践是以法与改革作为根本历史标识的实践，这样的实践不仅以历史真实的面目呈现，而且构成了变革中国社会变革最鲜明的实践特色，同时，也成为变革中国社会变革得以渐进和稳态推进的关键密码。1978年以来变革中国的社会变革，具有面向历史的丰富性、包容性、开放性和渐进性，这样的丰富性、包容性、开放性和渐进性，之所以具有体现历史自觉的时空拓展的能力，端赖于其与法形成的缠绕机制，正是这种缠绕机制所形成的动态、流变的稳定性结构，使得中国社会变革在展现其丰富性、包容性、开放性和渐进性的同时，不至于失序失衡，而是呈现出一种规范性增长的秩序格局。在此，我们可以把变革中国社会变革的这种实践概括为一种自控性的、自循环的实践机制。在这种自控性的、自我成长的实践机制中，法的力量和改革的力量同步增长，法与改革同构同在，呈现出你中有我、我中有你、互动互生的存在格局，这样的存在格局，实际上使得中国社会变革逐步演变为一种自发性力量不断增长的秩序建构模式。至此，我们完全可以说，由法与改革联动组合而成的这种自控性的、自循环的实践机制，以其历史真实、实践特色和关键密码体现于变革中国社会变革的历史自觉中。

其二，"法与改革"联合结构作为由法与改革联结而成的自控性、自循环的实践机制，提供的变革中国社会变革的秩序建构模式，不但从本源上赋予中国逻辑以生命力，而且从本源上决定了中国逻辑具有与中国历史正向同构的特点。逻辑是对历史的概念浓缩和理论提炼，逻辑与历史的统一，就是思维的逻辑应当概括地反映历史发展过程的内在必然性。从大的时间跨度看，从1840年鸦片战争起，中国社会就走上了变革之路；然而，在1978年之前，这条变革之路在实践形态上或因社会动荡动乱无法落地生根，或因历史的晚熟而难以取得应有的历史自觉。实践的悬置或异常，导致的是逻辑上的悖论或逻辑上的异常，而这种逻辑上的悖论或异常反过来又无法为实践提供正面导引。

1978年至今的40余年，是自1840年以来变革中国社会变革在实践上所经历的完整历史形态和理想时刻。虽然在改革开放的起始阶段，由于时空逼仄，导致我们无法洞见这场变革实践形态的清晰轮廓，也无法形成建立在实践形态上的基本逻辑。然而，经过40余年的历史变迁，中国社会变革的实践形态已较为清晰地呈现在我们面前，在这一历史背景下，我们也得以有机会把握这一实践形态的基本逻辑。进而言之，40余年历史变迁的过程，是一个中国历史和中国逻辑在特定时空有序展开的过程，在这一过程中，中国历史与中国逻辑取得了和谐统一，体现出逻辑与历史正向同构的特点和规律。通过这种正向同构，使中国历史与中国逻辑形成了一种亲合性关系，能够互相照应、互促互进、同步成长，到今天，已初步形成一种实践层面以法与改革作为根本历史标识和逻辑层面以"法与改革"联合结构为表达的逻辑与历史相统一的理想格局，这一理想格局既是对1978年至今过往历史的规范表达，同时呈现出面向未来的清晰的历史轮廓。透过此规范表达和历史轮廓,可以洞见,由法与改革联结而成的"法与改革"联合结构,实际上是一种变革中国社会变革自控性、自循环的实践机制,进一步而言,这一实践机制所展现的是变革中国社会变革的秩序建构模式。因为这一实践机制的自控性和自循环的特点,不但从本源上赋予中国逻辑以生命力,而且从本源上决定了中国逻辑具有与中国历史正向同构的特点

其三,"法与改革"联合结构是"中国共产党主导的以人民为主体的现实社会运动"这一变革中国的全新文明范式的历史沉淀。以 1840 年鸦片战争为标志,因受外力干扰,传统中国的延续性被迫中断,中国社会从此处于一种总体性的文明危机中,亦因此,置身古今和中外双重坐标时空中的中国走上了一条文明变革之路。在这条变革之路中,或执拗于挽救传统、接续传统的企图,或顺应西方思潮、因应西方进化主义的尝试,或"中学为体、西学为用"的折中主义选择,或"古为今用、洋为中用"的实用主义策略,凡此种种艰难探索,都没有找到这一文明变革的正途。在中国共产党诞生时刻出场的"中国共产党主导的以人民为主体的现实社会运动",由于实现了中国政治和中国社会总体上、本质上的贯通,赋予中国社会变革稳定性、连贯性和支配性的力量,既保持了与传统中国的内在关联,又实现了向现代中国的转变;既保持了完整的中国性,又实现了向开放中国的飞跃;既保持了变革的稳定性,又实现了"文明增量"的持续性,直至成功走出中国式现代化道路,创造了人类文明新形态,从而成为一种在中国社会成长并

深刻影响人类文明进程的全新文明范式。

但是，与此同时，也应该意识到，"中国共产党主导的以人民为主体的现实社会运动"这一变革中国的全新文明范式只是从根本上提供了变革中国之"道"，至于这一范式如何在具体历史和具体实践中兑现，则是一个仍然需要在具体的历史运动中去求解的问题。这一结论，在革命阶段得到了验证，而在新中国成立后进行艰辛探索所提供的正反两方面的经验和教训中也得到了验证。而之所以"中国共产党主导的以人民为主体的现实社会运动"这一变革中国的全新文明范式有这样的历史历程和历史处境，是因为"中国共产党主导的以人民为主体的现实社会运动"这一变革中国的全新文明范式内涵的变革中国之"道"，走向具体生动的历史和具体生动的实践，必然经历一个"历史自觉"的重大历史时刻，而一旦经历了这一重大历史时刻，这一变革之"道"就会展现出推动变革中国社会变革的自觉的历史能动性。

总结1840年鸦片战争以来变革中国的社会变革历程，中国共产党诞生是一个特别具有标志意义的时刻。之所以这样讲，就是因为在这一时刻意味着"中国共产党主导的以人民为主体的现实社会运动"这一变革中国的全新文明范式的正式出场。自从1840年鸦片战争以来，置身古今和中外时空坐标中的中国，一直走在一条文明变革的路上，但是以中国共产党诞生为标志，对这一变革之路进行了历史性的截然二分。进行这样的区分，并不意味着中国共产党诞生后，变革中国的社会变革就有了直接的答案，也不意味着从此变革中国的社会变革之路就会一帆风顺。

事实上,中国共产党诞生后,中国社会变革的历史,无论是革命阶段还是建设阶段,都经历过一个艰难而曲折的历程,都有着正面的经验和反面的教训。之所以作出这样的二分,其内在理据在于,"中国共产党主导的以人民为主体的现实社会运动"这一变革中国的全新文明范式,从根本上提供了变革中国的社会变革之"道",循着这一变革之"道"进入真正的历史,一旦达到(而且总能达到)"历史自觉"的光辉时刻,这一变革之"道"就得到了真切而又生动的兑现。实行改革开放的1978年可以说就是进行这一兑现的重大历史时刻。因为正是从这一时刻起,因为中国共产党对"社会主义"、"现代化"和"中国特色"最为深刻的历史自觉,从而赋予"中国共产党主导的以人民为主体的现实社会运动"这一变革中国的全新文明范式、这一变革中国的社会变革之"道"以社会主义现代化为表达的具体载体。

至此,我们可以得出,"中国共产党主导的以人民为主体的现实社会运动",之所以是变革中国的全新文明范式,之所以从根本上提供了变革中国的社会变革之"道",就在于"根据中国"判准的确立。"中国共产党主导的以人民为主体的现实社会运动",之所以是变革中国的全新文明范式,之所以从根本上提供了变革中国的社会变革之"道",就在于其建立在实践基础上,而且这里的实践是指作为社会存在方式的基本实践形态。这样的实践形态需要具备以下四个条件:第一,一定是处于一种和平状态的实践,并且这种和平状态具有走向"永久和平"的前景,任何战争、动荡、动乱状态下的实践,因其无法满足社会秩序的基本要求,自然不能纳入其中,顶多只是为这样的实践形态创造或准备条件。第二,从时间维度看,一定是具有延续性并将类似状态向未来持续延伸的实践,任何短暂的实践、中断的实践,自然不能纳入其中。第三,从空间维度看,一定是具有广泛性,能够覆盖整个社会、整个国家、整个民族,并具有影响和辐射人类的可能性。第四,因为是作为社会存在方式的基本实践形态,因而这种实践形态一定体现为一种社会行动结构,一种社会基本秩序的表达方式。基于这样的判断,可以得出,改革开放以来变革中国社会变革的实践就满足了这样的条件。

长期以来,我们对 1978 年党的十一届三中全会作出的工作重点转移到社会主义现代化建设上来的重大历史抉择的理解往往局限于经济领域,而随着自 1978 年以来变革中国社会变革实践的不断扩展,我们越来越认识到,社会主义现代化就其实质而言,是一种带来中国社会整体变革和深度变革的变革模式,而随着变革中国社会变革的不断扩展,社会主义现代化道路也升华和凝练出中国式现代化这一更为成熟、更具中国特色的新的境界和格局。中国改革开放之路走到今天,我们完全可以说,社会主义现代化直至由此升华提炼出的中国式现代化,就其实质而言,是推进变革中国实现社会变革直至塑造出一种新的文明秩序的道路并创造出人类文明新形态,可以说就是对这种文明秩序的高度概括。

社会主义现代化直至由此升华提炼出的中国式现代化,之所以同时又是一场以法与改革为根本历史标识的实践,就在于这一实践是体现变革中国社会变革主体性品格和法的品格的内在统一,进言之,这一变革乃是"主体中国"与"法治中国"的内在统一。我们所创造的经济快速发展的奇迹和社会长期稳定的奇迹,其背后的法理支撑和法理依据,就是"主体中国"和"法治中国"的内在统一。马克思主义认为,实践是主观见之于客观的活动,是做和行动。毫无疑问,这里所指的实践是社会行动者的实践,分散的、具体的个人和组织构成了这一实践的主体。正因为是社会行动者的实践,中国社会变革才经由时空拓展逐渐演变为一种普遍意义上的社会行动结构和基本社会秩序。

中国社会变革的主体性品格,决定了与之相对应的逻辑也是一种社会行动者的逻辑,具有这样四个明显的特点:一是丰富性,在不同的行动者身上有不同的表现;二是个殊化,存在于分散的社会行动者身上,而不是一种集体的意志;三是亲合性,具有与实践亲近融合的特点;四是隐含性,以隐性的方式体现在不同的社会行动者的身上;五是通透性,作为实践的法与改革和作为逻辑表达的"法与改革"联合结构形成了一种通透性的循环系统。归纳这五个特点,得出一个基本结论,那就是1978年以来变革中国社会变革的实践具有与其相对应逻辑正向同构的基本特征。依靠这种正向同构,以法与改革作为根本历史标识的社会变革实践得以不断拓展,与之相对应的"法和改革"联合结构的逻辑表达也得以不断丰富,并最终演变成"一种法治文明秩序"。

第二节 "法"与"改革"联结而成的一体化结构

安东尼·吉登斯强调:"在社会科学里,'理论'的内涵与目的很大程度上乃在于一些特定的概念框架,它们安排并贯穿着考察社会生活的各个步骤。"[1]同样的道理,对"法与改革"联合结构的概念解析,是整个研究按照内在逻辑展开的基点。从比较基础和直观的方面看,"法与改革"联合结构是由"法"与"改革"联结而成的一体化结构,这样一个一体化结构至少包含以下三层含义:

一、"法与改革"联合结构是由"法"与"改革"联结而成的整体

对"法与改革"联合结构基于词义的理解,是理解这一概念的基础环节,唯有比较准确地把握"法与改革"联合结构的基本词义,才能为从各个角度、各个层面把握这一概念打下基础。

在这里,理解"联结"就成了理解"法与改革"联合结构的逻辑起点。按照《汉语大辞典》的解释:联结有名词与动词之分。作为名词,是指由几个部分或个体结合成一个整体;作为动词,是指通过联结这一动作把相互关联的几个要素联结到

---

[1] [英]安东尼·吉登斯:《社会的构成——结构化理论纲要》,李康、李猛译,中国人民大学出版社2012年版,自序,第1页。

一块，进而成为一个整体。从名词角度的理解，意味着"法与改革"联合结构由"法"与"改革"两个要素结合而成，通过这种结合，形成一个整体，"法与改革"联合结构就是对此整体的表述。既然是联结，"法"与"改革"这两个要素之间必然具有内在关联性，保持应有的亲合性；在此前提下，才能遵循一定的机理和规律结合在一起，而不是简单拼凑。如此，"法与改革"联合结构才能成为一个真正意义上的整体，从而使这样的整体具有不同于"法"与"改革"这两个要素的新的意蕴，在内涵上体现出整体大于局部的特点。

基于名词角度的理解，"法与改革"联合结构呈现出的是一种静态结构。基于动词角度的理解，"法与改革"联合结构是由"法"与"改革"联结而成的，联结的过程是一个动态的过程，这种动态的过程是一个结构化的历史运动过程，结构化的历史运动过程就是一个"法"与"改革"融合互动的过程，这一过程决定了无论是作为组成要素的"法"与"改革"，还是由"法"与"改革"联结而成的联合结构，都处于流变状态，而正是这种流变状态，赋予"法"与"改革"，以及由"法"与"改革"联结而成的联合结构以生命力，这种生命力为该概念在实践中丰富性的展开提供了基本依据。

二、"法与改革"联合结构是由"法"与"改革"联结而成的一体化结构

由"法"与"改革"联结而成的整体究竟是个什么样的整体？毫无疑问，这是理解"法与改革"联合结构的应有之义。"法与改革"联合结构意在表明，这一由"法"与"改革"联结而成的整体是一个一体化结构。这里的一体化表明的是该结构的完整性、组成元素的不可分割性，因此正是这种一体化结构，才使得"法与改革"联合结构保持了完整性和独立性。具体来说：

其一，"法与改革"联合结构，是由"法"与"改革"这两个独立概念组成的一个复合概念。作为一个复合概念，一方面，保有"法"与"改革"这两个独立概念的基本属性，另一方面，又不是"法"与"改革"这两个独立概念的简单叠加，而是具有自身的完整性和独立性品格，一体化结构就是对这一复合概念之完整性和独立性的具体表达。

其二，对"法与改革"联合结构这一整体概念的把握，既要注重"法"与"改革"这两个独立的概念所具有的基础性和前提性作用，更要注重通过"法"与"改革"内在关联所形成的"法与改革"联合结构，作为一个一体化结构，涵盖着对"法"与"改革"这两个概念的超越和创造；而且，对"法与改革"联合结构作为一体化结构的深度阐释，是这一概念的重心所在，唯有通过对"法与改革"联合结构作为一体化结构进行深度阐释，进而建立起普遍社会意义和普遍价值认知模式，这一概念才能升华至真正的中国逻辑的高度，进而取得与变革中国社会变革的内在统一。

其三，"法与改革"联合结构作为一个由"法"与"改革"联结而成的一体化结构，反映和体现的是"法"与"改革"的共生关系，这里的一体化结构因此也就是一个共生结构。共生原本是一个生物学概念，指两种不同的生物生活在一起，相互依存，对彼此都有利，谁也离不开谁，若互相分离，则两者都不能生存的一种存在方式。将共生这一概念运用到"法与改革"联合结构中,意在表明:一方面,在"法"与"改革"的关系方面,两者谁都离不开谁,彼此没有先后和高下之分,法缘改革而生,改革因法而成;另一方面,正是基于两者的这种共生关系,"法与改革"联合结构作为一个新型概念,才具有新的内涵。

第三节 "法"与"改革"关系命题的概念跃升

审视"法与改革"联合结构同"法与改革"关系命题之间的关系,厘清两者之间的界限,既是理解"法与改革"联合结构的重要前提,也是确立"法与改革"联合结构这一概念的基本依据。

一、"法"与"改革"关系研究的现状和特点

从 1978 年党的十一届三中全会开始,中国同时开启了改革和法治的历史,从此,在同一历史起点上开启的这两项从根本上影响中国社会、决定中国命运和走向的重大历史抉择就内在关联在一起,成为变革中国实现社会变革的根本历史标识;相应地,围绕"法"与"改革"的关系这一命题,也产生了一系列学术成果,有时甚至发生比较激烈的争论。总结这些成果和争论,有这样四个显著特点:

其一,在改革开放的历史进程中,要始终注重坚持和推进

改革与法治，在这两点上，无论是决策层还是学术界，都具有明确的共识和清晰的思路。这样的共识和思路，以及在这种共识和思路指导下的实践，为改革和法治的不断向前推进，直至今天全面深化改革和全面依法治国战略布局的确立，奠定了扎实的思想和实践基础，同时也提供了不断深化对法与改革关系认识的基本语境。

其二，在推进改革和法治的过程中，学术界一直存在着较为明显的两种取向，一种是立足中国国情，主张立法适当向现实妥协的现实主义和功能主义取向；一种是站在捍卫法治立场上的规则主义、程序主义取向。

其三，在具体处理法与改革的关系时，走的是一条渐进式的路子，即一边渐进式地推进改革，一边渐进式地推进立法，这其实是处理"法"与"改革"关系的一种双轨制思路。

其四，以党的十八届四中全会通过《中共中央关于全面推进依法治国若干重大问题的决定》为标志，就如何理解法与改革的关系，法学界产生了一系列学术成果，这些学术成果认为，"在新的历史起点上把握改革与法治的关系"，需要确立一种"法治改革观"，"法治改革观的重点是'对法治与改革的关系重新定位'""在社会转型过程中需要法治引导改革"[1]。应该说，在不同历史阶段，在理解和把握法与改革的关系方面，决策者与学术界的取向总体上是一致的。

---

[1] 陈金钊：《"法治改革观"及其意义——十八大以来法治思维的重大变化》，《法学评论》2014年第6期。

二、"法与改革"关系研究存在的局限性

应该说,以上有关法与改革关系的研究是必要的、合理的,同时也是一定历史阶段的产物,这既与中国改革发展和法治发展的阶段性特征有关,也与中国法学研究的阶段性特征有关。然而,总体而言,这些研究还仅仅止于有关法与改革关系的表象,也仅仅是对法与改革关系的"外在思考",如果仅仅止于此,没有进一步的升华和突破,不但与中国法学和法治发展的现实要求不相匹配,而且与中国法学所应担当的历史使命不相匹配。细言之,有关法与改革关系的研究的局限性表现在:

其一,还是一种平面化视角的研究。所谓平面化视角的研究,是指对法与改革关系的研究,执于"法"与"改革"的两端,着力于两者的"关系",即便是对两者"关系"的研究,也是意在关系之内却在关系之外。具体来说,这种平面化视角的研究主要体现在:在基本定位上是对法与改革关系的一般化思考,即把法与改革关系的研究这样一个由于极为繁杂的问题组成的"问题束"化约为一个比较具体或一般的问题,没有凸显出这一研究的性质和目的,可能承担的特殊使命,可能具有的特殊意义,可能具有的时空维度,这实际上是对法与改革关系研究的一种降格处理,经过这种降格处理,使我们在被法与改革关系之表象俘获的同时,从另一个侧面遮蔽了更为根本的问题。

在研究方式上,采取的是一种对法与改革关系的便捷化、

策略化的处理方式，即在认定为法与改革的关系是一个经过一定权衡、判断就可以作出选择的技术性问题的前提下，对这一问题采取了一种便捷化、策略化的处理方式，经过这种便捷化、策略化的处理方式，"法"与"改革"孰轻孰重、孰先孰后，所面临的种种矛盾和冲突都得以解决，法与改革的关系经由这种便捷化、策略化处理方式也因此进入了理想状态。

在研究态度上，认为法与改革的关系只是一个在特定历史阶段需要应对的即时性问题，即在作出中国社会正处于转型期和过渡期这一判断的前提下，认为法与改革的关系问题是一个在转型中国必然面临的过渡性问题，这一过渡性问题经由转型期和过渡期这一时间过滤装置得以过滤，而转型期和过渡期结束之时，就是中国的立法完善和法治建设取得成功之日，法与改革的关系问题也因这种立法的完善迎刃而解。

在研究效果上，在认为"法"与"改革"存在种种矛盾和冲突的前提下，追求的是法与改革"关系"的和解，和解的标志就是改革走上了法治的轨道。这种平面化研究，导致了这样两个比较明确的后果：一是在对这一问题本身的研究上，虽然有论者强调"法治与改革是中国当代的最主要的话题，只有深入研究，才能准确地把握法治与改革的关系"[1]。但是因为主要着力于"关系"层面，从而未加审视经由这种"关系"所形成的"关系结构"这一更为根本的问题，从而导致对这一问题本身所涵摄的"内部证成"指向的空心化；二是在对这一问题与外部世界的关联中，因为执着于法与改革"关系"本身，从而

---

[1] 陈金钊：《对"以法治方式推进改革"的解读》，《河北法学》2014 年第 2 期。

在事实上遮蔽了与外部世界的关联,从而导致对这一问题本应关注的"外部证成"指向的悬空化,并由此最终导致对研究性质、目的、意义等终极性问题的放逐。

其二,这是一种政策和经验视角的研究。所谓政策和经验视角的研究,就政策层面而言,是指相关研究与官方政策亦步亦趋,保持高度的一致性,"将全部的注意力和学术兴趣置于对官方现行政策及意图的说明和诠释上,力图将政治与政策学术化、知识化。"[1]就经验层面而言,就是把对西方和历史上有关"法"与"改革"的认识和判断的直觉所形成的前见,作为理解"法"与"改革"及其二者"关系"的约束条件,直接运用到有关法与改革关系的研究中,当作理解法与改革关系现成的处方。经验在任何情况下都是局部的、零碎的、地方性的,是在人的主体性努力缺失前提下的一种抽象意义上的客观性呈现。把经验直接作为理解法与改革关系的依据,不仅是片面的,而且由于没有遵循"普遍性寓于特殊性之中,从特殊性到普遍性,是一个抽象、归纳、概括的过程,这一过程就是(法)理论思维。"[2]的基本原理,因而其实质是"要把不言而喻性的假象当作真理,把实际贯彻的努力马上就陷入其中的那种种冲突视为合目的性的纯技术问题"[3],因此失去了对包含其间的更为重要的问题的"辨识"维度和理论阐释的空间。

其三,这是一种概念视角的研究。所谓概念视角的研究,

---

[1] 舒国滢:《法哲学:立场与方法》,北京大学出版社2010年版,第44页。
[2] 邱本:《论法理思维的特性》,《理论探索》2019年第1期。
[3] [德]马克斯·韦伯:《社会科学方法论》,中国人民大学出版社1999年版,第7页。

是指有关法与改革关系的研究，主要是在"法"与"改革"两端之间的往返，在这种往返中，"他们把法构成一个独立透明的规则世界，在这个世界中，概念的含义是清晰的，概念的关系是自洽的，规则的体系是完备的。在这个意义上，法律是一种'在哪儿'的存在，就像物质材料的存在那样。"[1]这种概念视角的研究，就"法"的方面看，实际上信奉的是在立法全能主义支配下法条主义的逻辑，坚持的是法条主义的思维。由于把法律看成是一种现成的、经由人理性设计而与社会无关的规则，在此种情况下，所谓法与改革的关系，其实就是改革如何面对立法的问题，至于如何从过去的"以西方的法律制度作为衡量我国立法的标准。"[2]过渡到自主型法治进路则是未经思考的，两者之间存在着逻辑跳跃和话语阻隔，显然，这也是一种法律工具主义的表现；这种概念视角的研究，就"改革"的方面看，由于把改革仅仅看作官方的政策举措，从而导致把当代中国正在进行的改革等同于历史上和世界上的其他任何改革，对改革的理解因此也就成了一种"印象式的坚持"和"印象式的捍卫"，因此也就成了一个当然的完备性概念，而不是一个需要加以分辨的概念；这种概念视角的研究导致的词与物的分离，使得研究从社会的角度看，无法真正深入中国社会内部，从而洞察到中国社会结构和秩序结构演进变迁的根源、规律和趋势等更为根本的问题；就理论的角度看，无法体现经由思维整理而形成理论成果的能力，因此也就丧失了社会立场和

---

[1] 强世功：《法律的现代性剧场：哈特与富勒论战》，法律出版社2006版，第33页。
[2] 顾培东：《中国法治的自主型进路》，《法学研究》2010年第1期。

理论立场，无法实现逻辑与历史的统一，最终使"法"与"改革"及其"关系"成为一种失去自身历史的抽象、空洞的概念存在。

其四，这实际上是一种基于西方视角的研究。所谓基于西方视角的研究，是指有关法与改革关系的研究，受邓正来所强调的"现代化范式"的支配，形成了一种西方意义上的"法律理想图景"，并把这种西方意义上的"法律理想图景"作为中国法治建设的判准和依据，[1]并进一步作为理解法与改革关系的判准和依据，从而使研究中的法成为一种毋庸置疑的前提性存在，构成了法与改革关系研究的约束性和规范性条件。西方视角的实质在于，是对西方历史经验的消费式引用。[2]综观有关法与改革关系的种种研究，虽然没有较为明显的西方法治话语体系的痕迹，甚至表现出与中国实际结合、体现中国特色的种种姿态和努力，但是，在这种姿态和努力的表象背后，隐含的则是西方法治话语体系的支配作用，而正是这种西方法治话语体系的支配作用，导致无论是法的概念、规则、原则、观念、价值，或是立法中心主义倾向，还是法治理想主义或法治工具倾向，其实都是对西方法治话语体系的一种现成的消费形式，由于这种消费形式实质上受"现代化范式"的支配，由此也就将研究者置于"不思"的状态，认为其具有理所当然的正当性和合理性，进而将对这种正当性和合理性的依赖，转变为审视法与改革关系的判准和依据，从而最终丧失了对法与改革

---

[1] 邓正来：《中国法学向何处去（上）——建构"建构中国法律理想图景时代论纲"》，《政法论坛》2005年第1期。
[2] 王勇：《迈向反思的法理学：一种全球化背景下法律移植的视角》，《华东政法学院学报》2005年第5期。

进行关系性审视并经由这种关系性审视所形成的相互质疑和批判的能力。

进一步讲，也正是这种对法与改革进行关系性审视并经由这种关系性审视所形成的相互质疑和批判的能力的丧失，不仅导致赋予"法"的思考之中国特色这一根本性问题的机会的丧失，而且同时导致赋予"改革"的思考之中国特色这一根本性问题的机会的丧失。更为紧要的是，正是这种双重丧失所形成的"合谋"，并经由这种"合谋"所产生的合力作用，最终导致建构"中国法律理想图景"之机会的丧失。

三、"法与改革"关系是变革中国的基本法理问题

以1840年鸦片战争为标志，几千年以来的传统中国因受外力影响，第一次进入一个由"中国的世界"和"世界的中国"立体交会而成的全新历史语境中，从此中国走上了相异于以往任何历史阶段的、在人类历史上也未曾遭遇的文明变革之路。这一文明之路同时也就意味着一个变革中国的历史呈现。变革中国历史的开启，意味着中国面临着一场三千年乃至于五千年未有之大变局。这样一场中国从未遭遇的大变局，不仅是相对于传统中国，对处于"中国的世界"和"世界的中国"立体交会这一全新历史语境的中国的现实刻画，更是指变革中国究竟应该通过怎样的历史书写呈现出来。

在相当程度上，变革中国相对于传统中国，是由中国置身其中的世界体系中的现代文明要素促成的，因此，相对于几千年以来的传统中国所处的"中国的世界"，乃是一个陌生的世界、陌生的中国，面对此陌生的世界、陌生的中国，处于"中

国的世界"和"世界的中国"立体交会中的变革中国特定的历史处境和历史遭遇，特别是在面临主权危机的情况下，怎么样保持变革中国主权上的完整性和独立性，怎么样应对纷至沓来的现代文明要素，就成为摆在整个中华民族面前的现实难题，这也是几千年以来的中华文明从未遭遇的千年难题。

面对此千年难题，维护主权独立和完整，毫无疑问居于基础性地位，因为主权一旦丧失或者不能够保持完整和独立，就等于从根本上失去了变革中国的前提；与此同时，变革中国是因外来现代文明要素进入中国社会促成的。进入中国社会的外来现代文明要素，相对于传统中国而言，是一种全新的异质性因素，更进一步讲是一种新的文明进入了传统中国社会，两种文明的相遇和碰撞，必然引起中国社会的结构性变化，进而激发起中国的社会革命和社会变革。

怎样破解此千年难题？因为以西方为主导的现代文明要素进入"中国的世界"，通过破坏和侵略中国主权的强权特征，以及现代文明要素相对于传统中国社会一时的强势文明的特征，共同造就了变革中国一度时间面对外来现代文明要素的外倾性，即认为只要中国走以西方现代化为模式的现代化道路，就能够破解变革中国面临的千年难题。可以说，在中国共产党诞生之前，进行的种种探索和努力，尽管在具体做法上千差万别，但在总体上都可以归结为走的都是这样一条路子。

变革中国之社会变革必须是根据中国的变革，"中国共产党主导的以人民为主体的现实社会运动"这一变革中国的全新文明范式，可以说从根本上确立了根据中国的变革的这一判准。与此同时，我们必须认识到，根据中国判准的确立，并没有提供中国社会变革的现成答案。之所以这样讲，是因为"中国共产党主导的以人民主体的现实社会运动"作为变革中国的全新文明范式，只是从根本上回答了变革中国社会变革的主体性问题，至于如何面对进入中国的现代文明要素，仍然是一个需要通过主体的历史自觉才能回答的问题。

立足主体的历史自觉，从法理视角审视变革中国的社会变革，至少应包括这样五个基本维度：第一个是变革中国必然具有变革性特点，这既是由外来现代文明要素进入中国社会，与中国原有社会结构和社会形态相互碰撞和激荡而致的，又是由"中国的世界"与"世界的中国"交互作用而致的；第二个是变革中国必然具有稳态的秩序品格，这里的秩序不仅是指以稳定作为衡量尺度的涂尔干所言的机械的社会秩序，更是指一种常态化的、有机的社会秩序结构，能够彻底告别动荡动乱，以和平和谐为表征的社会存在方式；第三个变革中国必然具有主体性品格，它反映和体现的是社会学意义上的社会行动者的一种社会行动结构；第四个是变革中国必然是一个始终突出正义的权威性，并具有得到正义保障的实践品格；第五个是变革中国必然具有其规范性演进逻辑，并形成路径依赖的特点。

"法与改革"关系命题，由于内在地蕴含了变革中国的这五个基本维度，因此理所当然地成为变革中国需要回答的基本法理问题。

四、"法与改革"联合结构是对"法与改革"关系命题的概念跃升

相较于目前"法与改革"关系命题目前"外在思考"的局

限性,"法与改革"联合结构从内在和外在两个维度克服了其局限性,不仅赋予"法"与"改革"充分和开放的意义诠释空间,而且意味着一个全新的、完整的、独立的概念体的创设,因此是对"法与改革"关系的概念跃升:

其一,在对"法"与"改革"关系的理解上,实现了由功能主义向规范主义和结构主义的转变。目前对"法与改革"关系命题的研究内含功能主义的指向。对法的功能的强调是由德国著名法学家耶林发起的,其巨著《罗马法精神》里说:"作为有机体的法具有进行解剖学和生理学考察的可能性。大体上,器官的目的就是其各种职能,为了达到目的而形成了器官的政体组织。生理学是理解解剖学真谛的先导,对于法,只有认识了法的各种功能,才能开始理解法的各种器官。研究作为有机体的法,尤其应该注重其功能的研究。"[1]功能比较的倡导者——德国比较法学家茨威格特和克茨就认为:"全部比较法的方法论的基本原则是功能性原则,由此产生所有其他方法学的规则——选择应当该比较的法律,探讨的范围,和比较体系的构成等等。人们不能够对不可能比较的事物作出有意义的比较,而在法律上只有那些完成相同任务、相同功能的事物才是可以比较的",[2]"因此,任何比较法研究作为出发点的问题必须从纯粹功能的角度提出,应探讨的问题在表述时必须不受本国法律制度体系上的各种概念所拘束"。[3]

---

[1] [日]大木雅夫:《比较法》,范愉译,法律出版社1999年版,第86页。
[2] [德]茨威格特,克茨:《比较法总论》,潘汉典等译,法律出版社2003年版,第46页。
[3] [德]茨威格特,克茨:《比较法总论》,潘汉典等译,法律出版社2003年版,第47页。

需要指出的是，在对"法与改革"关系命题的研究中，相当程度上存在的明显的法律工具主义取向[1]，就是法律功能主义在中国的具体体现。受法律工具主义取向的影响，"仔细观察 30 多年的中国法治进程，我们可以清楚地看到在具体操作层面，我们一直是以牺牲法律的内在逻辑和发展规律为代价的，始终坚持法治建设要与改革开放的进程、步骤相一致，始终把法律当成一种配合改革开放政策的工具，服务于经济建设和社会转型不同时期的阶段性目标，改革改到什么领域，法治建设就延伸和跟进到什么领域；开放开到何种程度，法治建设就深入到何种程度，始终强调从易到难，从局部到整体的做法，法治的独特价值和规律有待进一步被确认。法律制度应该有自己独立的历史，法治建设应该遵循自己内在的逻辑，

---

[1] 为此，我们有必要进一步追问这样一个问题，即在从 1978 年迄今中国的社会变革历程中，法律是如何从过去相当长时间内的工具主义面向转变为"依法改革"的，笔者以为这是理解"法与改革"关系乃至于中国社会秩序变迁必须面对的根本性问题，因为，对这样一个问题的追问，至少包含着这样两个极为重要的问题：其一，在这种转变的表象下面，是否隐含着我们关于"法与改革"关系思考上的同一套路，即在两者的关系维度中，无论孰轻孰重、孰前孰后，其实都是一种立场上的选择与捍卫，而对这种关系维度中可能包含的有关"法"与"改革"的具有生成意义的考量，其实是缺失的；其二，在这种简单化比较的思路主宰下，在"法"的层面，我们其实所采取的一直是一种把"法"等同于"立法"的思维模式，这样一种思维模式，由于把"法"等同于"立法"，因此，自然就导致在立法贫乏阶段，要经过包括法律移植在内的大规模立法，以求为改革服务，而当这种大规模的立法任务完成后，"改革于法有据"这样的命题就自然取得了其正当性和合法性地位。然而，这样一种对待"法"的方式，乃是一种受法条主义、立法全能主义支配的技术性、策略性思维，而受这种技术性、策略性思维的影响，导致的一个严重后果是，我们已然丢失了关于"法"的思考本应具备的"历史"维度和"实践"维度，从而也就有可能丧失了对"改革于法有据"这样一个重大命题之实质意义进行实质性思考的可能。

否则的话其过程必定会曲折,其效果必定要打折扣。"[1]"在马丁·洛克林的公法理论中,功能主义与规范主义相对应",[2]其中功能主义注重实际的功用,"立足于工具主义、目标意图以及政策宣导取向的思维认知基础之上。"[3]与之相反,规范主义则注重超越具体目标和政策的规范性结构的建构,至于作用、功能、目标、意义等的体现,乃是这种规范发挥作用时的间接成果,这样的作用体现的是规范性的力量。显然,在一个结构相对简单的社会,功能主义更有其立论的基础,而在一个高度分化、高度复杂化的社会,规范主义更有其立论的基础。而"法与改革"联合结构就是面对在结构上不断变革、不断走向复杂的中国社会,建立在变革中国社会变革实践基础上的一个规范主义结构。

其二,就内在的方面看,"法与改革"联合结构,作为一个内生于变革中国社会变革实践中的概念体,是一个由不断变革的"法"与"改革"联结而成的、内在的结构化体系,这一内在的结构化体系,意味着无论是"法"的方面,还是"改革"的方面,在保持其完整性和独立性的同时,经由"法与改革"联合结构这一全新的一体化概念中,"法"与"改革"的结构化运动,而具有了对"法"与"改革"进行诠释的充分和开放的意义空间。通过这样的诠释,"法与改革"联合结构因之成为一个不断演化的"变通之体","法"与"改革"分别通

---

[1] 侯欣一:《改革开放以来中国法治进程回顾与展望》,《天津法学》2011年第4期。
[2] 参见[英]马丁·洛克林:《公法与政治理论》,郑戈译,商务印书馆2002年版。
[3] 郭春镇、曾钰成:《党规中的法理思维》,《理论探索》2018年第6期。

过这一"变通之体"不断获取新的意义。与此形成鲜明对比的是,"法与改革"关系命题于"法"采取的是单纯的"立法"取向,这种单纯的"立法"取向会导致这样两方面的后果:一是因为将立法等同于法的全部,从而导致对法的范围和领域认识上的狭隘性和局限性;二是因为将立法等同于法,从而导致无法从变革中国社会内部社会变革的实践中获取中国"法"真正成长和演进的历史,进而导致中国"法"的所谓发展发达,只是一系列概念、规则、原则的堆砌和技术性的完善。

"法与改革"联合结构这一"变通之体"则彻底克服了"立法即是法"的局限性,确立起一种包含法规则、法概念、法原则、法意识、法文化在内的包容性的、广义的法律观,一种包含作为客观层面的法和主观层面的法权感在内的主体结构,从而为构建普遍主体意义上的法权感和在这种法权感基础上的普遍意义的法权结构奠定了根本基础,进而也就有了在此基础上法的进一步成长的历史,直至上升到显性的国家层面。须知,"一个民族的法权感,而且经常是受过训练的个体——在科学意义上我采用法学家(的说法)——的法权感,其是领先于法律的,归功于这种领先状态,人们自己才能够把握法律承担者与法律自身。"[1]

其三,就外在的方面看,"法与改革"联合结构,由于其概念意义上独立性和完整性的确立,从而具有了概念边界,也因此具有了与外部世界关联的能力,这种关联意味着"法"与

---

[1] [德]鲁道夫·冯·耶林:《法权感的产生》,王洪亮译,商务印书馆2016年版,第44页。

"改革"以及由两者关联而形成的"法与改革"联合结构与社会上其他子系统贯通机制的建立,而正是这种建立,使得"法与改革"联合结构同时也是一个面对外部世界的开放系统,开放系统的特征由于赋予"法"与"改革"无限的成长空间,使得"法"与"改革"一样,拥有了自身成长的历史,从而从实质上奠定了"法与改革"联合结构充分的合法性基础。

小 结

改革开放以来中国社会所产生的巨大变革,要形成自己的逻辑,只有形成自己的逻辑,才能不仅知道这一变革是什么,而且知道这一变革为什么,否则,我们仍会在由古今和中外交汇而成的时空坐标中,进退失据,找不到或找不准自己的位置。要形成自己的逻辑,进行概念提炼是首当其冲的基础性工作。接下来的问题是,怎样进行这样的概念提炼?回答是没有别的选择,只有深入到中国社会变革的实践中去进行思维加工,只有这样才能形成与中国社会变革实践真正照应的中国逻辑。立基于此,在形成为理解和阐释中国社会变革所必需的概念时,要避免两种倾向,一种是采取拿来主义的方式,从中国传统和西方社会中直接拿来现成的概念,来解释中国。当然,我们并不是说不能运用中国传统和西方社会中的现成概念,而是要在中国社会进行切实的语境化处理,以期实现与中国社会变革实践的真正契合与内部审视;另一种是采取概念史考证的方式,来获取理解中国社会变革实践的概念。"法与改革"联合结构就是植根于中国本土,从改革开放以来中国社会变革的实践中提炼出来的一个全新概念。

第二章
"法与改革"联合结构的法权系属

事物之间的联系必有其纽带，否则不能反映其必然性和内在合理性。为此，要在事物之间进行联系，一要明确有无如此的联系，二要明确如此的联系是通过什么样的纽带建立起来的，只有这样，才能使这样的联系其来有自、实至名归，对"法与改革"联合结构这一通过"法"与"改革"联结而成的一体化结构，也要进行这样的思考。本文认为，寻求"法与改革"联合结构之纽带的实质，就是揭示改革的本质。始于1978年的改革，到今天已经全面变革了中国社会，取得了建构一种新的文明秩序的巨大历史功效。然而，与改革所引起的全面变革中国社会形成巨大反差的是，在对改革的认知层面，还没有上升到与这一变革实践相称的应有的逻辑高度。这主要表现在：其一，对改革的理解和阐释还停留在一种历史叙事的模式中。这表现在将改革开放以后的中国与改革开放以前的中国进行比较，通过比较，凸显选择改革开放的理由、取得的成就和存在的不足等。其二，对改革的理解和阐释还停留在将当代中国所进行的改革与中国历史上的改革和包括传统社会主义国家所进行的改革在内的其他种种改革进行比较的模式中，通过比较，凸显当代中国改革的特色和优势所在。其三，对改革的理解和阐释还停留在现实描述的模式中。这体现在对改革开放从总的方面和各个侧面进行一种镜像刻画，通过这种镜像刻画，凸显改革开放的真实面目。其四，对改革的理解和阐释还停留在经验总结的模式中。这体现在了解和掌握有关改革开放的政策、成就和问题的基础上，进行经验层面的概括和提炼，通过这种经验层面的概括和提炼，凸显改革的特点所在、成就所在、经验所在，并为进一步推进改革开放提供现实支撑。应该说，诸如此类的研究，虽然为理解和阐释中国的改革所必需，但是，这样的研究还只是一种如前文所言的适应型研究，这种适应型研究还停留在关于中国的层面，尚没有上升到根据中国的层面。之所以说寻求"法与改革"联合结构之纽带的实质，就是揭示改革的本质，是因为在笔者看来，是法权构成了"法与改革"联合结构之根本系属，当代中国改革的本质就是一个法权全面建构的过程，而改革是中国共产党人民性的根本体现，这里的人民性则构成了法权全面建构的根本依据。

第一节 追问改革的本质需确立的基准

自 1978 年以来的改革，迄今已取得全面变革中国社会之巨大历史功效。这场进行到现在并仍然向前推进的改革，其本质究竟是什么，已到了需要我们作出回答的临界时刻。只有对改革的本质是什么作出回答，才能真正完成关于改革这一命题的中国之问与中国之答，真正达致关于改革的逻辑与历史相统一的自觉驾驭。笔者以为，追问改革的本质，建构当代中国的改革逻辑，首先需要确立必要的基准，只有确立起必要的基准，追问改革的本质才能其来有自，才能符合历史与逻辑相统一规律的要求。

一、中国社会变革蕴含的三重逻辑

改革开放以来中国社会的全面变革是"中国共产党主导

的以人民为主体的现实社会运动"这一变革中国的全新文明范式，遵循历史与逻辑相统一规律的运行结果。如前文所言，以中国共产党诞生为标志，"中国共产党主导的以人民为主体的现实社会运动"这一变革中国的全新文明范式正式出场。正是依凭这一范式，中国共产党带领人民取得了革命的胜利，建立了新中国；同时也是依凭这一范式，中国共产党带领人民建立社会主义制度，进行社会主义建设，奠定了全面变革中国社会的底层逻辑。但是，前文也强调了，实现中国的社会变革，是一场深厚的历史运动，必须在理论与实践相统一的具体历史中、在遵循历史与逻辑相统一的规律运动中，才能获得其中的密码。之所以这样讲，是因为自1840年鸦片战争以来，中国进入了一个"中国的世界"与"世界的中国"立体交会的全新语境中，这意味着中国必须办成两件大事、完成两大历史任务：一件是中国要与其所处的外部世界建构一种平等和享有尊严的分享结构，这其实是指"主权中国"和"主体中国"的建构问题；另一件是要在中国社会进行一场以现代文明为标识的社会革命，这其实是指中国社会内部必然要发生的全面的社会变革。

综合这两件大事或两大历史任务，可以得出，必须保持中国的完整性和独立性，亦即无论是即将变革的中国、正在变革的中国，还是已经实现全面变革的中国，必须和必然是一个"完整的中国"，这就要求变革中国必须承继和赓续"大一统"这一"中国之轴"；实现社会全面变革的中国必然和必须是面向开放世界的一个现代中国，这就要求变革中国实现一场以现代文明要素为标识的广泛而又深刻的社会革命。"中国共产党主导的以人民为主体的现实社会运动"这一变革中国的全新文明范式,一方面,蕴含着中华民族和中国人民的共同意志和共同行动这一根本指向,蕴含着推动中国社会实现全面变革的持久的历史动能与"大一统"这一"中国之轴"内在契合;另一方面,这样一场面向现代化、面向开放世界的社会变革,对于"传统中国"而言,必然是一项未知的、面向未来的事业,必须在理论与实践相统一、逻辑与历史相统一的最佳历史结合点上去寻找答案。这在"中国共产党主导的以人民为主体的现实社会运动"这一变革中国的全新文明范式的革命面向中得到了验证,在开启改革开放后中国社会的变革面向中也得到了验证。

1978年开启的改革开放和社会主义现代化之所以被称为伟大历史转折,这一伟大历史转折之所以促成中国社会的全面变革,就在于在这一关键时间节点上,"中国共产党主导的以人民为主体的现实社会运动"这一变革中国的全新文明范式,以提出"实现社会主义现代化"为标志,取得了理论与实践、历史与逻辑的统一,从此,"中国共产党主导的以人民为主体的现实社会运动"这一变革中国的全新文明范式就因理论与实践相互激荡、相互升华,历史与逻辑的相互照应、相互赋能,从而在理论与实践、逻辑与历史这样两个内在关联的层面实现了"社会主义要素"、"现代化要素"和"中国要素"的内在融合和协同互动,推进中国实现了全面社会变革,社会主义现代化也在这样的变革中升华至彰显中国特色和中国优势的中国式现代化的历史高度,并将中国社会塑造成作为"人类文明新形态"的"一种新的文明秩序"。

具言之,1978年改革开放以来,"中国共产党主导的以人民为主体的现实社会运动"这一变革中国的全新文明范式，蕴含着以下三重逻辑，正是这三重逻辑共同构成了改革开放以来中国人与中国社会变革之间的"总体逻辑"。

第一重逻辑是中国共产党的"主导逻辑"。在"中国共产党主导的以人民为主体的现实社会运动"这一变革中国的全新文明范式中，中国共产党居于主导的地位。党的十一届三中全会作出改革开放和把工作重点转移到社会主义现代化建设上来的历史抉择，是中国共产党依靠历史自觉发挥对中国社会变革主导作用的集中体现。从此，中国共产党通过其理论、路线、方针、政策、主张和领导制定法律法规等"顶层设计"，以及推进这些理论、政策、主张和法律法规等的落实，形成了针对中国社会变革的"主导逻辑"。中国共产党针对中国变革所形成的"主导逻辑"，从宏观层面规定和决定了中国社会变革的方向性、稳定性和内外衔接性。

第二重逻辑是中国人民的"主体逻辑"。与中国共产党通过理论、路线、方针、政策、主张和法律法规等顶层设计所形成的"主导逻辑"相对应，则是作为行动者的中国人民以其主体的自觉意识和自觉行动，促使中国社会发生了一场广泛、全面、深刻的社会变革。相对于中国共产党更为宏观的顶层设计，这样一场广泛、全面、深刻的社会变革，具体体现在主体的社会行动中，则相对比较微观，而正是主体相对比较微观的社会行动，缔造了中国的社会行动结构和社会秩序结构。

中国共产党针对中国社会变革所形成的"主导逻辑"和中国人民针对中国社会变革所形成的"主体逻辑"，两者并不是相互割裂的而是内在关联的，而两者之间的这种内在关联，体现在作为宏观层面的中国共产党针对中国社会变革的"主导逻辑"与作为微观层面的中国人民的"主体逻辑",两者相互回应,共同构成中国社会变革的"基础逻辑"。

第三重逻辑则是由中国学者对变革中国社会变革进行切实观照和审慎思考所形成的"观察逻辑"。同中国共产党针对中国社会变革所形成的"主导逻辑"与中国人民针对中国社会变革所形成的"主体逻辑"相对应的则是,还存在一种作为观察者的中国学者针对中国社会变革所形成的"观察逻辑"。这里所谓的"观察逻辑",是指中国学者通过对中国社会变革进行切实观照和审慎思考所形成的"自我主张"。相对于中国共产党针对中国社会变革所形成的"主导逻辑"和中国人民针对中国社会变革所形成的"主体逻辑",共同构成了中国社会变革的"基础逻辑",中国学者经由对中国社会变革进行切实观照和审慎思考所建构的"观察逻辑"则是一种"参照逻辑"。这种"参照逻辑"其实就是以"主导逻辑"和"主体逻辑"为前提和参照,对中国社会变革进行切实观照和审慎思考所形成的相对比较"纯粹"的逻辑形态。之所以这样讲,是因为中国社会变革实践与关于这种变革实践所形成的逻辑之间在关系上是有直接和间接之分的,其中,中国共产党的"主导逻辑"和中国人民的"主体逻辑",因为各自所处的"主导"和"主体"的地位,决定了与中国社会变革实践之间的关系更为直接,都是置身其中的"参与者"。

与此相对应的是,中国学者作为中国社会变革的观察者,与中国社会变革实践之间的关系则较为间接,而正是因为这种关系上的间接,才得以使作为观察者的中国学者面对中国社变革有可能保持一种相对"超越"的姿态，并且依凭这种相对"超越"的姿态，更有条件与中国社会变革建构起一种关系性审视视角，并且通过这样的关系性审视视角，得以有条件深入中国社会内部，通过对中国社会的切实观照和审慎思考，实现从"外在思考"到"内在思考"的转变，进而形成属于"自我主张"的、比较纯粹的"观察逻辑"。作为观察者的中国学者与中国社会变革之间通过关系性审视建构起关于中国社会变革的"观察逻辑"，其独特的意义在于：

一是通过这样的视角，明确了作为观察者的中国学者对中国社会变革所进行的种种研究的性质和地位，那就是一方面中国共产党建构的关于中国社会变革的"主导逻辑"与中国人民在这一"主导逻辑"的主导下建构的"主体逻辑"，构成了作为观察者的中国学者进行种种研究的对象；另一方面，作为观察者的中国学者对中国社会变革所进行的种种研究形成的"观察逻辑"又具有自身的独立性和自主性。

二是通过这样的视角，明确了作为观察者的中国学者对中国社会变革所进行的种种研究，承担着重要而又独特的使命，即完全可以通过与中国社会的关系性审视，深入中国社会内部，进而形成关于中国社会变革的"问题束"和"问题结构"，进而形成真正的根据中国的思考，而这种根据中国的思考，实际上意味着彻底走出了长期以来的经验依赖、西方现成理论依赖、传统依赖，最终真正形成关于中国社会变革的切实思考。正是在这个意义上，习近平同志才提出"这是一个需要理论而且一定能够产生理论的时代，这是一个需要思想而且一定能够产生思想的时代"这一重要论断。这一重要论断蕴含的正是作为观察者的中国学者在与中国社会变革建构的关系性审视视角中，对中国社会产生切实思考，建构起根据中国的思考，而且经由这样的思考形成的"问题束"和"问题意识"，就是在建构关于中国社会变革的"观察逻辑"，这是中国学者应当承担的重要而又独特的使命。

二、"观察逻辑"建立在与各种适应型研究切割的基础上

长期以来，面对中国社会变革进行的种种研究，或体现为经验层面的总结，或体现为基于传统的思考，或体现为对现成理论或方法的运用，凡此种种，都具有对现成资源的依赖性特征，所有这些研究，究其实质，乃是一种止于"外部反思"层面的适应型研究。应该说，这种止于"外部反思"层面的适应型研究，在一定历史阶段，有其存在的客观必然性。之所以这样讲是因为，虽然理论来源于实践，反过来又指导实践，但是，无论实践走向丰富、成熟和成型，还是理论走向丰富、成熟和成型，在大历史视野和大历史观观照下，都需要经历一个较长的时间段，只有在经历一个必要的、较长的时间段，才会有所谓重要"历史拐点"的出现。这种重要"历史拐点"其实就是无论是实践还是理论，在经过一定的量的积累后，所发生的质的飞跃的时间节点。但是，我们应该认识到，发生这一质的飞跃的时间节点，并不会随着实践的丰富、成熟和成型，而自动出现，相反，必须通过深入中国社会内部进行切实观照和切实思考，切实形成"自我主张"方能达致。

始于 1978 年的中国的改革，至今，已取得了全面变革中国社会的巨大历史功效，实现了原本在"中国的世界"和"世界的中国"立体交会中对现代文明要素的外倾到内倾的历史性转变,直至走出创造了中国式现代化道路,创造了"人类文明新形态"的历史高度。无疑,中国社会变革由外倾向内倾的质的历史性转变,以及由这一质的历史性转变,促成的中国社会变革在实践形态上的丰富性、深刻性、全面性、持续性和饱满性,特别是总体上的定型化特点,客观上要求作为观察者的中国学者,也发生这样的转变,自觉地与各种适应型研究的"外部反思"相切割,摆脱长期以来对种种现成的、便捷的资源和方法的运用,建构起自身与中国社会变革的关系性审视视角,从对中国社会的"外部反思"转向"内在审视",而且通过这样的内在审视,提出关于中国社会变革的"自我主张",切实建构起为中国社会所必需的、以根据中国为基准的、针对中国社会变革的以"问题"为导向的"观察逻辑"。

三、"观察逻辑"视域下中国社会变革的改革逻辑

所谓"观察逻辑"视域下中国社会变革的改革逻辑,就是指作为观察者的中国学者,面对由"中国共产党主导的以人民为主体的现实社会运动"这一变革中国的全新文明范式,呈现出的由变革中国社会的"主导逻辑"和"主体逻辑"共同构成的"基础逻辑",以及与这一"基础逻辑"相对应的变革中国社会的实践样态,在关系性审视的视角下,进行内在审视,形成和确立的、关于变革中国的逻辑。

确立"观察逻辑"视域下中国社会变革的改革逻辑,要认识到当代中国社会变革之"异"。而要认识到变革中国社会变革之"异",首先应该明确 GDP 持续增长并稳居世界第二的位

置，人民生活水平普遍提升，整个社会保持稳定的秩序状态，执政党的执政水平不断提升，国家治理体系不断完善、治理能力不断提升，中国在世界上的影响力日益显著，所有这些都可以归结为实行改革开放以来的成果。然而，如果止于这样的认识和结论，仍然是对中国改革居于现象层面的一种碎片化、局部化理解，这样的认识和结论，让我们看到的仅仅是中国社会变革的面相。而面对这样一个变革的中国社会，虽然我们知其所变是什么，但是，我们的确不知这种所变的本质究竟是什么。一言以蔽之，这样一种对中国社会变革的认识和结论，并没有从根本上确立起其与古今中外其他社会变革的区分度，并没有确立起中国社会变革自身的逻辑。

就拿 GDP 来说，改革开放以来，中国始终坚持"以经济建设为中心"，致力于发展，GDP 保持稳定增长，创造了世界经济史上的奇迹。问题在于，尽管中国经济发展很快，但仍然属于发展中国家，人均 GDP 在世界上的排名尚居后列。进一步讲，将来即便是 GDP 总量持续保持增长，人均 GDP 走向世界前列，也不能凭此确立起当今中国社会与其他社会包括中国传统社会的区分度。因为中国传统社会甚至包括走向没落的清朝，都有过 GDP 雄居世界第一的历史。以法治建设来说，改革开放以来，中国的法治建设成绩斐然，中国特色社会主义法律体系已经形成，法治中国建设稳步推进，依法治国日益深入人心。但问题在于，立法的增量发展，法治国家建设的推进，是现代法治国家建设的当然命题，况且，我们在法治建设方面还有很长的一段路要走，与我们所设定的"中国法治理想图景"距离还比较遥远。因此，仍然无法简单地以法治这一显性指标确立起中国社会变革与其他社会的区分度（而应把着力点放在法治中国建设之"为何"、之"如何"等更为根本性的问题上），其他领域以此类推，都能得出同样的结论。那么，问题出在何处，因此我们就能否定中国社会变革所具有的特质吗？回答是我们对中国社会变革特质的追问，并不是（对某项或几项现成指标的镜像刻画），而是要追问隐含在中国社会变革表象背后的必然的逻辑。

从纵向的古今坐标审视，我们当然承认，今天的中国是历史中国的延续，而且这一延续不仅是就线性时间而言的，更是就属于传统中国的诸多元素得以传承而言的，也正是因为这种传承，为许多从传统中国寻找各种资源以确立中国社会变革之理据的人们提供了看似不言自明的理由。但是，与此同时，我们也认识到这样一种思维方式和对中国社会变革的认知方式，存在的一个严重缺陷，就是只看到了传统中国之传承的一面，而没有看到经过变革走向现代的中国"变异"的一面，这里"变异"的一面由"传统"与"现代"杂糅而致，所以，既不能用传统也不能用现代的任何一面加以衡量。

从横向的中外坐标审视，近代中国虽然有过闭关锁国和西方发达国家对我们进行封锁的历史，但是自西方列强以强制性手段打开中国的国门之日起，中国总体上就处于一个面对外部世界开放的语境，直至1978年将改革与开放并列作为基本国策，中国更是一步步从"中国的世界"走向"中国的世界"和"世界的中国"立体交会的全新语境中。这样一个全新的语境决定了，在相当程度上，中国社会变革的过程，就是一个受外部因素影响的过程。但是，我们能否由此就得出，中国社会变革就是现代文明在中国的自然延伸呢？答案显然是否定的。之所以这样讲，是因为这种基于中外坐标的审视，与基于古今坐标的审视，其实同样面临其延伸延续中的"变异"问题，而且这种"变异"同样是一种由"中国因素"和"外国国学"杂糅而致的整体性"变异"。既然是这样的"变异"，那么中国社会变革自然不能以外部世界现成的现代化模式这样的判断作为衡量标准和努力方向。

总括古今和中外交会时空坐标对中国社会变革所形成的审视格局，可以得出，中国社会变革及其成就的"变革中国"其实是一个既相异于"古"又相异于"外"的一个"变异"的中国，这样一个"变异"的中国，当然受传统和外来因素的影响，但是这些影响，仅仅是一些参照性元素。更为关键的地方在于处于"变异"中的中国社会自身，而正是处于"变异"中的中国社会自身，其最本质的层面就是应当拥有中国社会变革的改革逻辑。

长期以来，作为观察者的中国学者，将更多的注意力放在对中国社会变革的"外在思考"，由此导致严重缺乏对促成中国社会之变的"基础逻辑"的"内在审视"，因此无法真正确立针对中国社会变革的"观察逻辑"，进而通过这样的"观察逻辑"确立揭示中国社会变革之"变异"特质的改革逻辑。

往前追溯，清末时期，所谓的"礼法之争"，无论是作为固守传统的"礼"的一方的保守派，还是作为主张"变法"的一方的革新派，具有本质上的一致性，那就是双方的争论其实都是对"礼"和"法"这些具体元素的争论，而没有上升到对"礼"和"法"参与其中的中国社会变革的争论。到今天，尽管清末早已离我们远去,但是,在相当程度上,作为观察者的中国学者对中国社会变革的理解沿袭的仍然是这种思维方式。

实行改革开放至今的中国社会,在全球化和信息化的背景下,其变革正呈现出加速、全面演化的趋势,这使得中国社会的"变异"特质更加清晰。这要求作为观察者的中国学者,要切实置身变革中国社会的内部,以切实思考建构起属于中国学者"自我主张"的"改革逻辑"。

第二节 改革的本质是法权的全面建构

1978年以来的中国社会变革,其实践形态和实践成果,已经现实和直观地呈现在我们面前。面对这一总体性文明变革,我们有义务也有充分的理由进行"认识构造",以期形成一种真正属于"自我主张"的改革逻辑。接下来的问题是,怎样完成这种"认识构造",进而怎样通过这种"认识构造"形成一种真正为中国社会变革所拥有的改革逻辑。马克思指出:"哪怕是最抽象的范畴,虽然正是由于它们的抽象而适用于一切时代,但是就这个抽象的规定性本身来说,同样是历史关系的产物,而且只有对于这些关系并在这些关系之内才具有充分的意义。"[1] 由此可见,建构改革逻辑,首先需要回答改革的本质是什么,只有很好地回答这一问题,才能认识建构改革逻辑的基点。

---

[1]《马克思恩格斯全集》第30卷,人民出版社1995年版,第46页。

一、改革是中国共产党人民性的根本体现

只有对改革的本质这一问题作出根本回答，提出改革和持续推进改革才既具有现实合理性，又具有内在法理支撑。考察中国改革从提出到坚持至今的历史经纬，一言以蔽之，始终贯穿了中国共产党的人民性这一主题和主线。因此，我们有必要从中国共产党的人民性入手，追问中国改革的本质究竟是什么。

（一）改革是中国社会正义结构的建构

为什么要改革，作为执政党的中国共产党对这一问题给出了明确答案。如邓小平同志就指出："革命是解放生产力，改革也是解放生产力""改革是社会主义制度的自我完善和发展""不坚持社会主义，不改革开放，不发展经济，不改善人民生活，只能是死路一条"。[1]邓小平同志的这些论断实际上就是对为什么要改革的郑重思考。习近平同志在中央政治局第二次集体学习时回顾我国改革开放历程时也强调，20世纪70年代末，我们党和国家作出改革开放的历史性决策，有三个主要原因：一是对"文化大革命"的深刻反思；二是对中国发展落后的深刻反思；三是对国际形势的深刻反思。[2]习近平同志这三方面的总结，是站在历史高度，对为什么要改革进行的深刻总结。

作为执政党的中国共产党对为什么要改革，进行的思考和总结，实际上是立足政治高度，明确的改革的大逻辑，也就是

---

[1]《邓小平文选》第3卷，人民出版社1993年版，第370、142页。
[2] 曲青山：《邓小平改革思想及其现实意义》，《人民日报》2014年8月19日。

前文所言的中国共产党关于改革最为紧要的"主导逻辑"。中国共产党关于改革的"主导逻辑",对实行和推进中国的改革开放,具有决定性意义和决定性作用。中国共产党作出实行改革开放的重大历史抉择,在改革开放的历史进程中,提出和实施的包括经济、政治、文化、社会、生态和党的建设的一系列理论、路线、方针、政策、主张和领导制定的一系列法律法规等,都是中国共产党关于改革的"主导逻辑"的重要体现。

但是,与此同时,我们也应认识到,中国社会的全面变革是"中国共产党主导的以人民为主体的现实社会运动"这一变革中国的全新文明范式运行的结果。"中国共产党主导的以人民为主体的现实社会运动"是由"中国共产党主导""以人民为主体"和"现实社会运动"构成的一个内在统一体,这表明中国社会的全面变革,是中国共产党的主导作用和中国人民的主体作用在变革中国社会的具体行动和具体实践中达致的,其中"现实社会运动"最真切地呈现出中国社会变革的内容,表明了中国社会变革的丰富性、复杂性、具体性,同时也表明了中国社会变革并不是经过规划和设计就能达到的,归根结底是人的社会行动的结果。

进一步讲,中国社会变革作为一场持续性的"现实社会运动",不仅带来了中国物质财富的增长和人民生活水平的提高,从社会进步和文明发展的视角审视,更为根本的是,意味着一种新的人的存在方式、社会行动结构或"一种新的文明秩序"的生成。中国社会变革呈现出的全新景观和丰富多彩的表现,为作为观察者的中国学者提供了充足的实体对象和充沛的"想象建构"空间,这可以说是中国历史和人类历史上从未有过的学术境遇，意味着作为观察者的中国学者完全有理由甚至有义务，在对变革中国社会这一"变体"的"内在审视"中，通过"情境重构"，建构起"自成一景"的"观察逻辑"。

长期以来，因为改革与经济发展的紧密关联，导致许多人包括中国学者，形成乃至于固化成了一种功利主义改革观。功利主义改革观，因为解决物质匮乏问题或经济发展的迫切性和满足人们现实的功利性需求，作为一种指引政策设计的观念，有其现实合理性。但是，对于中国学者而言，当改革进行到全面变革中国社会的高度，促进中国社会演变演化为一种普遍意义上的人的行动结构和社会秩序的时候，演变演化为"一种新的文明秩序"的时候，功利主义改革观不仅暴露出其学术视野上的局限性，而且有可能导致中国学者身份上的"角色"错位和研究对象上的混淆。笔者以为，始于1978年的改革开放，促成中国社会的全面变革，促成人的存在方式、社会行动结构的全面变革，促成"一种新的文明秩序"的生成。中国社会发生的这样的变化，必然是受贯穿于中国社会变革始终的一种"正义"力量支撑的结果，隐含着"改革是正义的"这一基本判定，由此也就相应地意味着中国的改革是一种新的社会正义结构的建构。如此一来，对改革本质的追问，也就是在揭示这种正义结构的本质。

（二）中国社会正义结构的外观表征

那么，接下来需要追问的是，究竟是什么成为衡量中国社会正义结构的外观表征呢？通过对中国社会变革的观察，其作为一种社会正义结构的外观表征主要体现在以下六个方面：

第一，中国社会变革具有持续性的外观表征。遍观古今中外的许多改革，如商鞅变法、王莽改制、王安石变法、戊戌变法、苏联的改革等，或因主张改革的人惨遭不幸而夭折，或因改革所处王朝的衰败而告终，或因受到扼杀而失败，或因国家解体而化为泡影，都没有体现出持续性。相比之下，中国的改革则始终保有一种特有的持续性，这种持续性不仅指从1978年始至现在所经历的时间长短，而且是指改革已然成为中国社会最本质的特征，中国社会也因为改革而成为一个"变革社会"。经过1978年到现在的改革，原本仅仅作为手段意义的改革，已经越来越与变革中国社会紧密关联在一起，以至于发生了通过改革"变革中国社会"向"变革中国社会"呼应改革的历史转变。

第二，中国社会变革具有秩序形态上的外观表征。没有秩序，一切都无从谈起，一个处于无序或失序状态的社会，不但不是一个正常的社会，而且无法为正义的表达提供最基本的社会条件。从1840年鸦片战争始，中国社会就进入一种长时间段的无序或失序状态，这种无序或失序状态或因中国与西方列强之间的战争所致，如中日甲午战争、中法战争、八国联军入侵、抗日战争等；或因发生在中国内部的战争、战乱所致，如太平天国运动、义和团运动、军阀混战等；或因频繁的运动所致，如新中国成立后经历的一系列运动和"文革"等。从国外来看，苏联所进行的改革，教训有很多，而其中的一个深刻教训就是实际上始终在一种无序或失序的状态下进行，最终走向整个国家秩序的崩溃。自1840年鸦片战争开始，中国社会就走上了一条旧社会秩序瓦解、新社会秩序重建的道路，其间经历了一个艰难曲折的过程，包括失序、无序等中间过渡状态。以 1978 年改革开放为标志，中国社会不但走向稳定，而且逐步走向秩序重建之路。这种秩序重建主要表现为：向"阶级斗争思维"支配下的社会秩序的不正常状态的告别，以体现一个执政党对秩序的诉求；在改革的全过程，始终把稳定放在至关重要的位置，强调"稳定压倒一切"；把推进法治建设与推进改革开放内在统一起来，法治为改革开放提供了有力保障；最紧要的是把社会主体自由地发挥与国家总体层面的驾驭内在统一起来，由计划经济到有计划的商品经济再到社会主义市场经济的转变历程，就是这种内在统一的集中体现。

第三，中国社会变革具有稳定的社会结构形成的外观表征。一个社会是否能够持续稳定，是否能够持续保持一种正常社会秩序，最终由社会本身的结构决定。几千年来的中国传统社会结构是一种农业主导的传统社会结构，"1840 年鸦片战争后，中国封建社会的社会结构开始发生变化，但总体上仍然是一个农业国家的传统社会结构。中国的社会结构真正再次发生历史性的大变迁是在 1978 年改革开放以后，这种历史性的变动为中国经济社会发展带来千载难逢的发展机遇。"[1]这种深刻变动的标志就是社会的分化水平不断提升。对于现代社会来说，一种稳定的社会结构，一定是分化程度较高的社会结构，但是分化程度高的社会结构未必就是稳定的社会结构。这是因为，高分化水平与具备相应约束装置的匹配才能使社会结构具备稳定性。中国社会变革的历程，特别是由计划经济向有计划

---

[1] 陆学艺、宋国恺：《当代中国社会结构深刻变化的经济社会意义》，《北京工业大学学报（社会科学版）》2009 年第 5 期。

的商品经济再向社会主义市场经济体制确立的过程，相当程度上就是一个新的稳定的社会结构建构的过程，特别是社会主义市场经济的确立和法治建设的持续推进，为社会的不断分化提供了最大的常态化空间，从而使一种稳定社会结构具备了持久经济基础和相应的制度基础。改革开放以来，中国新的稳定的社会结构建构的一大秘诀就是实现了社会不断分化与以法治为主的约束装置的和谐统一，从而使这种分化以动态均衡的方式体现出来。

第四，中国社会变革具有显著的方法论外观表征。1978年以来的中国社会变革，之所以取得了巨大成功，之所以实现了对中国社会的全面变革，与作为执政党的中国共产党所遵循的方法论有密切关联。考察苏联的改革，之所以最终走向失控和国家的解体，存在的一个致命缺陷就是具有很大盲目性，经济领域的改革难以推动后，转而推动政治民主化。相较于苏联的改革，中国的改革始终体现出一种方法论上的特色，这种方法论上的特色，集中体现为把推进改革与对改革的自觉驾驭有机结合起来，特别是把改革与法治建设有机统一起来，从而使改革以稳态、渐进的方式向前推进。

第五，中国社会变革具有权威性保障的外观表征。中国共产党是中国社会的最高政治权威，中国的改革作为中国共产党历史自觉的重大历史抉择，从一开始就表现为执政党的意志，因此具有充分的政治保障。此后，随着改革的系统推进，中国共产党主导的改革，进一步通过党的全国代表大会的政治报告、一年一度的"两会"、党章、宪法和法律等权威性方式加以体现，迄今，中国的改革已经成为一种普遍的权威性共识。

第六，中国社会变革具有以人民的满意度和接受度作为衡量标准的外观表征。中国的改革始终坚持人民主体地位，把人民答应不答应、满意不满意、高兴不高兴作为衡量标准，这就使得改革实现了价值主张与实践兑现在人民性要求上的内在统一。

（三）中国社会正义结构蕴含改革的人民性本质

在对"中国社会正义结构"外观表征考察的基础上，需要进一步追问的是，究竟是什么使得中国社会正义结构获得这些外观表征？对此问题的回答，其实就是在进一步追问，究竟是什么促成了中国社会正义结构？对此，笔者给出的答案是人民性。正是中国共产党人民性应然层面的价值主张及其实然层面在中国社会的具体兑现，使得中国社会变革成为一种充分体现人民性的社会正义结构的建构。中国共产党是中国工人阶级的先锋队，同时是中国人民和中华民族的先锋队，是中国特色社会主义事业的领导核心，代表中国先进生产力的发展要求，代表中国先进文化的前进方向，代表中国最广大人民的根本利益。《中国共产党章程》（以下简称《党章》）对中国共产党性质的规定，构成了对中国共产党人民性最集中的概括。《党章》对中国共产党人民性的概括，包括两层基本含义：

第一，应然价值主张。中国共产党作为马克思主义政党，人民性是其本来面目，是中国共产党的立党之本。在任何时候、任何情况下，中国共产党都必须无条件地坚持人民性的价值主张。人民性的价值主张，构成了中国共产党与资本主义社会形形色色政党的本质区别，构成了中国共产党领导和执政总的和最根本的法理根据，同时，也构成了中国共产党领导改革、在改革中发挥主导作用总的和最根本的法理根据。

第二，实然具体兑现。这是指中国共产党人民性的现实表达问题。中国共产党价值层面的人民性还只是处于"理想状态"的人民性，作为中国共产党价值主张的人民性，究竟能否成为现实，则是属于实然层面的问题。历史上，中国共产党在领导人民进行革命、建设的过程中，遭受过挫折，甚至犯过错误，这些挫折和错误的实质，相当程度上就是因为在实然层面没有很好地兑现其人民性的价值主张。"中国共产党主导的以人民为主体的现实社会运动"这一变革中国的全新文明范式，其实质是对中国共产党人民性应然价值主张与实然具体兑现的统合。作为变革中国的全新文明范式，可以说，究竟能否实现中国共产党人民性应然价值主张和实然具体兑现的统合，究竟怎样实现两者的统合，是中国共产党必须作出回答的一项重大历史课题。面对这一重大历史课题，中国共产党在革命阶段，由于对人民性历史精髓的中国式把握，摆脱了教条主义的束缚，最终依靠人民取得了革命胜利，建立了新中国。新中国成立后，中国共产党也是由于对人民性精髓的中国式把握，实现了由新民主主义向社会主义的和平过渡，完成了中华民族有史以来最深刻最伟大的社会变革。改革开放则是中国共产党将其人民性应然价值主张与实然具体兑现进行统合的伟大壮举和伟大创举。

之所以这样讲是因为，一方面改革开放本身就是中国共产党真正站在人民立场上，以满足人民的现实利益、以人民的满意度作为衡量标准作出的重大历史抉择；另一方面，进入改革开放历史阶段，中国共产党通过顶层设计形成系统的针对改革的"主导逻辑"，然后，中国共产党针对改革的"主导逻辑"，进一步演化为体现中国人民意志和行动的"主体逻辑"，在"主导逻辑"与"主体逻辑"的共同作用下，中国的改革始终体现为中国共产党人民性应然价值主张与实然具体兑现的回应结构，进而通过这种回应结构形成的历史推动力，使得中国社会建构起以人民性为基底的社会正义结构。1978年以来，中国之所以依靠改革开放成功地走出了中国特色社会主义道路，中国共产党的领导之所以是中国特色社会主义最本质的要求，就在于"中国共产党主导的以人民为主体的现实社会运动"这一变革中国社会的全新文明范式，在变革中国的"现实社会运动"中，将人民性应然价值主张与实然具体兑现很好地统一起来。

二、改革的人民性为法权的全面建构提供了根本依据

"改革是中国共产党人民性的根本体现"的基本判定，蕴含着这样一个需要回答的前提问题，那就是在变革中国社会中，这一基本判定究竟是如何具体表达和呈现的，如何加以证成？对此，笔者给出的答案是：改革是中国共产党人民性的根本体现，是因为中国共产党以法权的形态表征自己的人民性主张，这一主张现实地反映了中国共产党人民性的实质，改革是中国共产党人民性的根本体现则为这一主张提供了根本依据。

（一）改革蕴含的法权诉求

中国共产党区别于其他任何政党、新中国区别于旧中国，其标志就在于人民性。问题的关键在于,怎样理解人民性呢?党的十九大报告强调"必须坚持人民主体地位",习近平同志深刻指出:"中国特色社会主义是亿万人民自己的事业,所以必须发挥人民主人翁精神,更好保证人民当家作主。""'新中国'区别于'旧中国'的一个特质就在于人民主体地位。"[1]在这里,"人民主体地位""人民自己的事业""人民主人翁精神""人民当家作主"其实就是对人民性的具体表达。接下来需要我们回答的是,有没有一个更为准确的概念来概括人民性呢?回答是有,这个答案就是法权,改革是中国共产党人民性的根本体现内含的法权诉求就证明了这一点。

之所以这样讲,是因为如果将"人民主体地位""人民自己的事业""人民主人翁精神""人民当家作主"当作对人民性的具体表达,我们就会从这些表达中自然得出,所谓人民性,回归到现实的人,应当是由生动鲜活的个体组成的一个集体,因此其核心与实质,就是无论从具体的"每个人"来考察,还是从总体的"一切人"来考察,作为人民的"人"其行动结构遵循的是人的"自主逻辑",而这种人的"自主逻辑",其准确表述就是法权。1978年以前的中国社会,是一个人的自主性没有或难以得到发挥的社会。从1978年开始,经过短短四十多年,中国社会或者说中国人就彻底实现了由打上阶级斗争烙印或计划经济烙印的人向社会主义的"建设者"或"爱国者"的巨大转变。这一转变是发生在中国历史上的一次空前的人的解放,正是因为有了人的解放,中国社会变革取得的成效才如此

---

[1] 喻中:《理解"全面推进依法治国"的三个视角》,《理论探讨》2015年第1期。

巨大。到此，我们就可以得出，改革是中国共产党人民性的根本体现，其实质是赋权于民。通过赋权于民，一个人的行动被计划的社会，开始迅速而坚定地转向追求一个追求和建构法权的社会，这样的社会也是一个人的"自由行动的逻辑"得到真正展示的社会，是真正的社会主义形态。

（二）认真地对待法权

如果说改革是中国共产党人民性指向的是法权，就有必要对法权进行界定。什么是法权？这可以说是一个古老的概念，同时也是一个新近的概念。说它古老，是因为在西方社会中，对法权的理解和认识源远流长；说它新近，是因为对我国来说，进入中国的历史短暂不用说[1]，在改革开放前很长一段时间，法权还被冠以"资产阶级"的名号，遭受批判。正是因为其历史遭遇，使得在实行改革开放和依法治国之后，人们对法权的认识还面临着一个真伪并存、模糊不清的局面，直至今天，人们对这一概念认识上的深入程度与中国社会法权变革和全面依法治国的实践，还存在巨大落差。孙国华、朱景文教授在主编的《法理学》中这样界定法权："法权，即法律上的权利是指法律所允许的，权利人为了满足自己的利益而采取的有其他人的法律义务所保证的法律手段[2]。"张之沧在《法权现象批判》中指出："当然法权没有必要指代社会的全部利益，而只指代由法律承认和保护的全部利益。"[3]

---

[1] 朱哲、马晖慧：《国内法权问题研究述评》，《理论界》2011年第2期。
[2] 孙国华、朱景文：《法理学》，中国人民大学出版社2004年版，第385页。
[3] 张之沧：《法权现象批判》，《南京师大学报》2012年第4期。

综合以上对法权的认识，其共同的特点是在法律的框架内界定法权，将法权看作法定之权。与将法权界定为法定之权形成鲜明对照的是，郭道晖在对法与法律进行区分的基础上界定法权：认为在制定法产生之前，法权关系就已存在，用"法"（客观法）指称"法权关系"。[1]

相较于国内学者对法权的认识，西方思想家对法权的认识相对比较清晰，这种清晰表现在他们总体上都是基于自由的视角看待法权。如康德认为："法权是一个人的任性能够在其下按照一个普遍的自由法则与另一方的任性保持一致的那些条件的总和。"[2]"法权是这样一些条件的总和，在这些条件下，一个人的任意能够按照一条自由的普遍法则与另一个人的任意相一致。"[3]费希特认为："我在一切情况下都必须承认在我之外的自由存在者为自由存在者，就是说，我必须用关于他的自由的可能性的概念去限制我的自由。"[4]黑格尔认为："任何定在（Dasein），只要是自由意志的定在，就叫作法权。"[5]当然，这些思想家对法权与自由的关系，在理解上还存在一定差别："在康德那里，从主体内在的自由意志的角度出发来看，我应遵守的法权关系准则，是将他人当做像我一样的人格主体，而且我只有在与他人不相互侵犯的前提下，才能自由地与之发生

---

[1] 郭道晖：《法理学精义》，湖南人民出版社2005年版，第53-59页。
[2] 李秋零主编：《康德著作全集》第6卷，中国人民大学出版社2007年版，第238页。
[3] 李秋零主编：《康德著作全集》第6卷，中国人民大学出版社2007年版，第238页。
[4] [德]费希特：《自然法权基础》，谢地坤、程志民译，商务印书馆2004年版，第75页。
[5] 黑格尔：《法哲学原理》，范扬等译，商务印书馆1961年版，第36页。

法权关系；在费希特看来，法权关系是近代理性主体以一种超出个别主体之外的相互承认关系（类似于当代哲学所谓的'主体际性'）为前提而发生的原始法权、强制法权、共同体法权等法权形式；而依照黑格尔的看法，事情的重心既不在先验主体的内心世界，也不在主体之间，而在于作为整体的世界本身，只不过法权现象只发生在整体世界之发展的一个特定的阶段，并不发生在非人的自然领域，而发生在客观精神这个'第二自然'的领域；各种法权关系，也都是世界自身的逻辑发展过程中的一些表现形式，人本身也只是这个发展过程的体现者，而不是它的真正主体。"马克思对法权思想的重要贡献在于，抓住现实性和历史性这两个重要特征，对缺乏现实和历史支撑的法权思想进行了批判，得出"法权关系是一种反映着经济关系的意志关系"[1]这一结论。

综合以上关于法权的分析，可以得出：第一，法权与自由同意，也因此，康德才提出了自由法权这一概念。[2]康德就认为："人固有的法权只有一种，就是自由。这是凭着我们的

---

[1] 马克思:《资本论》第1卷，人民出版社2004年版，第103页。
[2] "康德把法权分为生而具有的法权和获得的法权。生而具有的法权（angeborene Recht）只有一种，即自由法权，这里的自由是指在消极意义上免于另一个人的任意的强制。""自由（对另一个人的强制任意的独立性），就它能够根据一个普遍法则与每个他人的自由并存而言，就是一种唯惟一的、源始的、每个人凭借自己的人性应当具有的法权""根据康德的社会契约论，在自然状态中人具有自然法权。自由法权作为惟一生而具有的法权就属于自然法权，除此之外，自然法权还包括获得的法权（erworbene Recht）。自由法权是不需要他人预先同意、每个人都应当具有的法权，而获得的法权是需要一种法权行为才可获得的法权，因而需要得到他人同意的法权。"参见李秋零主编:《康德著作全集》第6卷，中国人民大学出版社2007年版，第238页。

人性应该具有的法权，因为每个人都先天地具有做自己主人的品质。这种法权，就是人们的任性根据自由法则可以并存的条件，其他的法权都是从这种自由中演化出来的，包括对财产的所有权。"[1]康德认为，具有自由法权是"不依赖于一切法权行为而天生（vonnature）归于每一个人的法权"，"惟一的、源始的、每个人凭借自己的人性（menschheit）应当具有的法权。"[2]其实，讲的就是法权与自由同义的本质。

由法权与自由同意可以得出，虽然法权与强制紧密关联，但是强制仅仅是实现法权的手段，而不是法权本身。法权与自由同意，是从独立的个人享有自由的理想状态来讲的，但在经验层面，处于理想状态的自由要变为现实，需要以强制作为保障。这样一个对法权与强制关系的定位，足以说明，相对于法权，强制只具有手段意义。"法权都是与强制联系在一起的，没有强制，我们的自由就可能相互冲突，以至于无法并存于一个共同体中，并使社会生活陷入混乱。"[3]法耶夫认为，"'法权'现象（就其'行为主义的'方面来说），指一个不偏不倚、公正无私的人的干预。"[4]他们其实都是从实现法权的手段意义上来理解法权的，而不是在讨论法权本身。

辨别真伪，廓清其本来面目，应该认识到，法权是一个

---

[1] 詹世友：《康德政治哲学视域中的法治思想》，《华中科技大学学报（社会科学版）》2016年第1期。

[2] 李秋零主编：《康德著作全集》第6卷，中国人民大学出版社2007年版，第246页。

[3] 詹世友：《康德政治哲学视域中的法治思想》，《华中科技大学学报（社会科学版）》2016年第1期。

[4] [法]法耶夫：《法权现象学纲要》，邱立波译，华东师范大学出版社2011年版，第18页。

随着社会进步发展而不断展开和丰富的概念。"法权概念从其诞生之日起,它的蕴意便随着历史的发展而变得愈加丰富。"[1]是一个不断发展的概念。"法权概念中证明了自我意识中存在一个社会性的结构。自我意识因此不再只是单纯个体的,而同时指向社会结构。"[2]"当代自由主义坚持个人主义的权利概念,将个体与共同体对立起来,将共同体视为外在于个体的要素,这就与法权概念将共同体视为个体存在和发展的内在要素格格不入。"[3]对于变革的中国社会来说,法权早已跳出西方个人主义支配下片面的"自由逻辑""权利逻辑",而成为对奠基于"人的本质是一切社会关系的总和"基础上的人的发展的全面而又系统的证成。

虽然对法权有众多的理解,但正确理解马克思的"法权关系是一种反映着经济关系的意志关系"的这一论断对认识法权至关紧要。在对这一论断的理解中,基于马克思政治经济学视野,在对经济关系和资本关系的辩证分析中,对资产阶级法权伪善的一面进行批判,诚然是必要的,然而止于这样的研究是远远不够的。这是因为,"将唯物史观理解为只从经济着眼来理解法律,其结果是不仅'再也找不到任何关于法概念的更深入剖析',而且在我们所关心的法学的根本性质及其趋势问题上也'肯定没有多大发言权'"。[4]更为严重的是,"经济决定

---

[1] 渠东:《马克思法权思想研究》,《复旦学报(社会科学版)》1993年第2期。
[2] 黄涛:《自由、权利与共同体——德国观念论的法权演绎学说》,商务印书馆2020年版,第50页。
[3] 黄涛:《自由、权利与共同体——德国观念论的法权演绎学说》,商务印书馆2020年版,第5页。
[4] 张文喜:《重新发现唯物史观中的法与正义》,《中国社会科学》2017年第6期。

论教条总是阻碍对于创立社会主义法律体系合理性的所有理由进行审慎的斟酌。"[1]进一步讲，认识到经济关系对法权关系的决定作用，并不是研究的目的所在，而探求在两种关系中所包含的"意志关系"才是目的所在，因为只有这样的研究才能在承认经济关系对法权关系起决定作用的前提下，进一步挖掘法权自身的价值。

（三）改革是人民性的根本体现为法权的全面建构提供了依据

始于1978年的改革是中国共产党人民性的根本体现，而之所以得此结论，是因为这里的人民性内含普遍性的法权诉求。接下来的问题是，改革是中国共产党人民性的根本体现这一判定在法权建构中的地位如何？对此，笔者给出的答案是改革是中国共产党人民性的根本体现为法权的全面建构提供了根本依据。

改革是中国共产党人民性的根本体现这一判定为法权的全面建构提供了根本依据，之所以这样讲，是因为：第一，改革是中国共产党人民性的根本体现并不能替代法权本身，而是内含着法权诉求。第二，这种法权诉求，无论对于作为执政党的中国共产党，还是对于人民，都具有不可动摇、贯穿始终的地位。第三，这种法权诉求尽管没有体现在成文宪法和法律规定中，但却已经成为人民与作为执政党的中国共产党的内在认知和具体的社会行动。第四，也因此，此处的人民性虽然没有明

---

[1] 张文喜：《重新发现唯物史观中的法与正义》，《中国社会科学》2017年第6期。

确法权的具体内容，但对于法权的全面建构具有统摄力。

三、改革的本质是一个法权全面建构过程

改革开放以前的中国，在理论层面，法权是一个被冠以资产阶级名号而进行批判和禁忌的概念，在实践层面，由于受"以阶级斗争为纲"和计划经济体制的束缚，难以有法权作为的空间，结果是作为执政党价值主张的人民性在中国社会现实中难以得到充分的兑现。从1978年实行改革开放始，作为执政党的中国共产党，果断地停止了"以阶级斗争为纲"的口号，进而选择了社会主义市场经济体制和依法治国的道路，结果使整个中国社会发生了总体性的文明变革。深入思考这一已然进行的巨大变革，其本质就是对法权的全面建构，这是以人民的名义发生在每一个中国人身上的一次法权革命。

（一）从根本的层面，中国社会变革是从每个人到一切人遵循法权逻辑不断获得法权的过程

深入变革中国社会内部进行考察，可以看到，从每个人到一切人，虽然所获得的法权在内容上有差异，虽然所获得的法权在充分性上还不够，但是无论是对农民工还是对城市居民，无论是对富裕起来的群体还是对相对贫困群体，无论是对民营企业家还是对企业员工，无论是对相对发达的地区还是对欠发达地区，遵循法权逻辑获取法权，却是不争的事实。这里之所以要强调从每个人到一切人，是因为，中国社会变革中的法权建构完整地体现出从"每个人的自由发展"到"一切人的自由发展"的价值取向。相比之下，同样是法权的获得，在资本主

义社会，资本攫取利润的本性决定了工人阶级无论是面对资本家，还是资本家化身的权力阶层，在法权的获得方面，遵循的是一种自由主义逻辑，在这种自由主义逻辑的支配下，工人阶级获得法权的多寡及其程度，最终由资本决定，法律也不过是对这种法权面向的形式化加工。与资本主义社会形成巨大反差的是，1978年以来，中国社会变革的历程用事实说明，中国人对法权的获得体现为从每个人到一切人的身上，是发生在完整意义上的中国人民身上的一场法权革命。在中国，作为社会主义的法权与资本主义法权的根本不同之处，就在于我们是以人民的名义进行的。

（二）从具体的方面看，中国社会变革体现为一种法权的全面建构

1978年改革开放以来，中国社会的法权建构作为一项系统工程，呈现出整体性、全面性、系统性、渐进性、动态性推进的特点。这主要体现在：

坚持党的领导、人民当家作主与依法治国有机统一的根本原则，为法权全面建构提供了根本政治保障和制度保障。在康德、费希特、黑格尔等西方思想家的眼中，法权的本义是自由，无论是康德所主张的普遍法则意义上的个人之间的交互强制，还是费希特所主张的有形强制力量对自由的保障，还是黑格尔所主张的国家意义上的绝对精神，由于缺乏现实和历史这两个根本环节，因此，都无法得到验证和落实。而苏联所进行的无论是经济层面还是政治层面的改革，也因为缺乏有力保障，不但所追求的自由和民主最终落空，而且导致国家解体的

局面。中国在整个社会变革过程中，把坚持党的领导、人民当家作主和依法治国有机统一作为根本原则，不但使法权建构有了根本保障，而且由于中国共产党作为执政党的人民性本质，可以确保三者之间通过动态的相互贯通、融合和促进直接体现为法权本身的有机组成部分。

把国家建设与法权建设紧密结合起来，形成了相互支持、相得益彰、共同推进的良性格局。自1840年鸦片战争始，由于受外力干扰，中国作为一个国家，其生存一直面临挑战，因此，国家建设不仅是基于自己内部统治和治理的需要，而且是应对外部挑战的现实需要。1949年新中国的成立虽然从主权意义上实现了国家独立，但基于因应外部挑战的国家建设问题始终存在，从新中国成立一直到现在，经济建设、文化建设、社会建设、政治建设和生态建设，都内在地包含了国家建设的因素。从历史和现实的角度看，国家建设与法权的全面建构具有不同层面层级的关系，第一种关系是国家建设本身就是法权建构的具体内容，这一点在经济建设方面表现最为明显，如国家实行的西部大开发战略、东北振兴战略、中部崛起战略等，既体现为国家建设战略，又与保障和增进特定群体直至每一个人的权利紧密相关；第二种关系是国家建设与法权建构存在某种转化关系，如国家正在实行的军民融合发展战略就把国家建设与法权建设有机整合在一起；第三种关系是国家建设为法权建设提供了重要的外围保障；第四种关系是以更广阔的国际视野来看，中国近代以来遭受外力干扰的历史现实地构成了中国社会变革中法权全面建构的基本背景，"国家好，民族好，大家才能好"绝不仅仅是中国共产党的家国情怀，更是中国共产党对国家建设是法权建构和享有的前提的清醒判断。

坚持"以经济建设为中心",为法权的全面建构提供了坚实物质基础。一个贫穷的人、贫穷的民族、贫穷的国家,谈法权建构恐怕是纸上谈兵。"贫穷不是社会主义",改革开放的初衷就是解决好人民的温饱问题,国家致力完成的脱贫攻坚任务,仍然是在解决少部分人的基本生活问题。改革开放以来,中国始终坚持"以经济建设为中心",这可以说是最根本的法权建构。其中的道理很简单,一方面,生存权是法权的基本组成部分。另一方面,生存权是展示法权丰富性、多样性的基石。改革开放以来,我们国家之所以以短短40余年的历史朝着实现从"每个人"到"一切人"的自由发展的目标,取得了巨大成就,一个重要原因,就是扭住发展这个根本没有动摇。正是因为扭住这一根本没有动摇,才实现了由"人民日益增长的物质文化需要同落后的社会生产之间的矛盾"向"人民日益增长的美好生活需要和不平衡不充分的发展之间的矛盾"的转变。

我国社会主要矛盾的转变,一方面,说明我们在法权全面建构取得了最基本的成就,而就是这一最基本的成就,对照于我们的过去、对照于短短40余年的历史,完全可以说是一次深刻、广泛、全面的法权革命;另一方面,"人民日益增长的美好生活需要"中的"美好生活"其实就是对从"每一个人"到"一切人"的法权诉求丰富性、多样性的概括。的确,随着"以经济建设为中心"成就的不断取得,随着国家建设历史使命的推进,一个完整意义和理想意义上的法权全面建构的黄金时间段即将到来,而这一黄金时间段的时间标志应该就是中华民族伟大复兴中国梦目标的实现,实质标准就是人的自由而全面的发展比较彻底地体现在从每个人到一切人的身上。

社会主义市场经济体制的确立是最重要的法权建构。计划经济时代的中国社会，人在经济领域的活动按照国家统一安排进行，在这样的背景下，人的行动的自主性十分有限。改革开放以来，社会主义市场经济体制的提出和确立，赋予人民经济自由，从农民工为中国发展作出巨大贡献，到一大批民营企业家的成长，都是生动具体的法权建构，这样的法权建构既现实又有力，并成为中国社会法权全面建构不断展开和升级的原始动力。改革开放以来经济层面的法权建构，一个鲜明特色是把每一个人的法权获得与一切人的法权获得现实地结合起来，这表现在：通过发挥市场的作用和更好地发挥政府的作用，通过以公有制为主体、多种所有制共同发展的结合，尽可能地实现了法权全面建构过程中法权获得总体上的均衡发展。当然，从更大的方面审视，社会主义市场经济体制的确立，具有的超越经济范畴的普遍的社会意义和社会功能，在于为每一个社会人提供了"自由行动逻辑"为基准的行动结构，同时，又因为国家层面包括立法在内的"社会主义因素"的参与和主导，使得这种"自由行动的逻辑"一方面要体现为一种普遍的法律正义和社会正义的逻辑；另一方面又从本源上实现了国家和社会的统合，充分显现中国法权构建和法律生成的特色和优势。

（三）从方法论层面看，中国社会的法权的全面建构体现了一种法权审慎的技艺和方法

法权建构之所以取得全面变革中国社会的成效，之所以

从每个人到所有的人都实现了法权获得，除了实质意义上的原因，在方法论层面坚持的法权审慎的技艺和方法也是重要原因。"法权审慎学"是康德提出的一个概念。"在康德的法律哲学中，尽管整部《法权学说》的目的在于确立一种为实证立法提供根据的'法权科学'。但是从康德哲学的整个规划中，我们却可以看到另一门作为法权科学之补充或运用的学问——法权审慎学（Jurisprudentia）。它所关注是法权科学在经验中的运用。"康德提出这一概念，意在"法权科学"之外，为法权在经验上确立一种方法论，这种方法论体现为对待法权的一种聪敏、明智、谨慎、明智、审慎、娴熟的方法和智慧。

中国社会在法权全面建构的过程中，就自觉地运用了这些方法。法权审慎的方法在法权全面建构过程中的体现是多层次多方面的。其中，注重法权的具体落实，采取一种稳健的现实主义进路渐进式地推进法权建构，注重相关政策和法律的衔接和平稳过渡，在法权建构过程中注重使用平衡的艺术，守住法权的底线，注重所有人的法权建构和每个人的法权建构之间的平衡等，都是这种法权审慎的方法论的具体体现。

第三节　法权在"法与改革"联合结构中的系属功能

至此，我们已经知道，是法权将法与改革联结起来，使"法与改革"联合结构这一概念实至名归。法权作为法与改革的联结点，发挥着维系两者关系的功能，那么，作为联结点的法权究竟是如何发挥这种功能的呢？

一、通过法权达致法与改革的和谐统一

（一）从法与改革关系论法权维度的缺失

前文已经对法与改革关系论的局限性进行了一定分析，然而，这样的分析也仅仅是指出了其问题所在，而没有进一步揭示出造成问题的原因究竟是什么。对改革是法权的全面建构的本质揭示，直指法与改革关系论的症结所在。法与改革关系论其实只是在法与改革之间建立的一种分离命题，而之所以是分离命题，究其根本，实是因为没有找到两者之间的联结点究竟是什么；唯有明确法与改革的联结点，才能实现由分离命题向融合命题的转变，改革是法权的全面建构的本质揭示，就能从根本上解决了这一问题。

（二）通过法权达致对"法"与"改革"的重建

法与改革关系论认为，无论是法还是改革，都是现成的、经由简单识别就可以明确的概念，坚持此种认识，实际上是放弃了对改革是什么、法是什么，这两个更为根本的问题的追问。笔者以为，1978年以来，中国推进法治和改革的过程，其实就是对"法"与"改革"重建的过程，改革是对法权的全面建构的本质揭示，则从根本上回答了这一问题，这一本质揭示，不但找到了法与改革关系的联结点，而且提供了重建"法"与"改革"的基本路径，那就是法权的全面建构的过程，同时也是对"法"与"改革"的重建过程。

（三）通过法权达致"法"与"改革"关系的和谐统一

"法与改革"联合结构作为一个概念要真正确立，既需要经得起实践的检验，通过实践充实和展示其丰富性，又需要进行必要的"理论建构"和"逻辑加工"。只有经历这两个环节，才能真正实现"法"与"改革"的彻底和解，也才能使"法与改革"联合结构作为一个概念，完整地呈现在我们面前。法权的全面建构把"法"与"改革"内在联结为一体，使得"法与改革"成为一个一体化结构，这样一个一体化结构，表达的不仅是法与改革的亲近亲和关系，更为紧要的是，实现了法与改革关系的最终和解与彻底融合，使法与改革达到真正的和谐统一。

二、通过法权实现法与立法的动态平衡

（一）包括法律移植在内的立法是中国法成长的特定经历

与1978年开启改革开放同步，中国也开启了法治建设的历史。推进立法和健全立法，是法治建设的必经步骤和重要内容，为此，伴随着法治建设的推进，我国进行了大规模的立法，经过这种大规模的立法，到今天，中国特色社会主义法律体系已经形成。在立法过程中，由于自身资源的有限，也进行了大规模的法律移植，特别是自加入WTO以来，为了满足和适应加入WTO的要求，更加大了法律移植的力度。那么，怎样评价和认识包括法律移植在内的这种大规模的立法呢？

我们认为，包括法律移植在内的这种大规模的立法，为中国法治建设所必需：一方面，这是由立法是法治建设的必要组成部分所决定的；另一方面，也是由改革开放之前，存在大量的立法空白所决定的。因此，包括法律移植在内的大规模立法为填补立法空白所必需。总之，中国在法治建设过程中开展的包括法律移植在内的大规模的立法，虽然受制于自身资源有限的束缚，但是，立法本身的特点和性质，包括立法在内的以西方为主的现代法治资源的成熟和丰富，以及我国对外开放的客观环境与党领导立法的独特优势，决定了开展包括法律移植在内的大规模立法，具有容易操作的特点。

此外，在肯定这种大规模立法的必然性必要性的同时，我们也应该意识到其自身的局限性——这种大规模立法是中国法治建设的特定经历，特别是在中国特色社会主义法律体系形成之后，这一打上特定时代烙印的经历，也应当而且必然由过去那种大规模立法转向一种常态立法。

对包括法律移植在内的大规模立法的基本定位上，应该属于改革开放以来中国法治建设所必然经历的技术化阶段。

（二）内外互动与外在资源的内在化

中国在法治建设过程中所经历的大规模立法虽然为中国的法治建设所必需，但是也的确遭到了人们的质疑，如有学者就认为这种大规模立法奉行的是一种"法条主义"，而这种"法条主义"根本上是受一种"现代化范式"支配的结果，而正是因为受"现代化范式"的支配，中国法律发展没有呈现出一幅"中国法律理想图景"。[1]

我们以为，对大规模立法进行的这种质疑，虽然是经过"反思"得出的结论，但即便如此，也至少存在两个明显缺

---

[1] 邓正来：《中国法学向何处去（上）——建构"中国法律理想图景的时代论纲"》，《政法论坛》2005年第1期。

陷：一个是将中国法治建设所必然要经历的特定的技术化阶段看成是中国法治建设的一种反常状态，而这种在质疑者看来的"反常状态"则是中国法治建设在起步阶段必然要有的特定经历，进一步讲，大规模立法是启动中国法治建设的关键切入点。另一个是因为对这种质疑的遮蔽，没有也无法洞见改革开放以来中国法治建设所取得的巨大成就。之所以这样讲，是因为事实上中国的法治建设从一开始就客观存在显性和隐性两个基本层面，这两个基本层面共同构成了中国法治建设的完整逻辑。

所谓显性层面就是所谓由立法和法律实施（包括司法、执法、守法）所构成的以国家权威体现出来的方面；所谓隐性层面就是改革开放以来发生在从每个人到所有人的身上的全面的法权建构，或者说是发生在中国社会的全面的法权建构。相比于显性层面，这种隐性层面的成就更为根本、对中国法治建设的作用也更为深远，构成了中国法治建设的底层逻辑和原生动力。需要明确的是，中国社会法权的全面建构经历了一个由弱到强的过程。在法权还只是一种弱式存在的情况下，显性层面的法治建设就有了更大更自由的作用空间，而当隐性层面的法权的全面建构达到相当水平，显性层面的法治建设与其距离自然就缩短了，相互回应的可能和必要性也大大增加。

笔者以为，显性层面法治建设和隐性层面法治建设广泛地对接回应，是中国法治建设发生历史性转变的关键时刻。这一关键时刻，是内外互动与外在资源内在化的时刻，经由这一时刻将走向两者的充分融合。当然，这种融合要经历一个漫长的过程，这是由中国法治建设的规律所决定的。这种内外互动与外在资源内在化，就是中国的法治建设由外在的技术化阶段转向自我建构的切己性阶段，就是由立法（包括法律移植）和法律实施（包括司法、执法、守法）所构成的显性层面所经历的内在化，经由这种内在化，即便是通过法律移植而来的外来资源也成为中国法治建设自身历史和逻辑的一部分了。事实上，这种转变最权威的表述就是由中国特色社会主义法律体系向中国特色社会主义法治体系的转变。

（三）寻求法与立法的动态平衡

中国法治建设显性层面和隐性层面的两种存在方式，其目的就是在寻求法与立法的动态平衡。其实，在康德对私人法权与公共法权的划分中，私人法权才是真正的法权，公共法权则是指立法。如此一来，法权是立法的基石，法权与立法的互动，其实就是法与立法的互动，而寻求法与立法的动态平衡就成为中国法的生成之道。法权何以可能？法权何以走向理想？立法何以体现法权？何以促进法权？寻求法与立法的动态平衡，其实就是在寻找这些问题的答案。"法时刻显现于历史之中，但它是抽象上升为具体的显现。同时，法并不滞留于现实的历史进程中，它本身亦是不断抽象的过程，这种抽象不是纯粹排斥现实历史的抽象，而是不断在其中吸取新鲜血液，不断扬弃自身的抽象。因此，法的抽象本身就是一部具体的抽象史，它时刻切入到具体的历史进程之中。"[1]这段话就比较深刻地揭示出法与立法的动态平衡之道。

寻求法与立法的动态平衡意在表明：第一，法权是立法的

---

[1]　渠东：《马克思法权思想研究》，《复旦学报（社会科学版）》1993 年第 2 期。

基石。法权追问的往往并非具体法条或法学的某些可为各民族接受的一般性原则以及它们之间的相互关系是什么，而是法哲学、自然法权的基础、本质、可能性条件是什么。这意味着立法并非在现成法条中寻找答案，因为那样寻找到的结果无论是什么，其性质依然是现成之物，而是要体现"法权现象对于人的切己性、各种法权形式之间的整体关联性和法权本身对于生活的导向性"[1]，最终成为生活的一部分。第二，要确立主体立法、过程立法观。康德说过："立法权只能归于人民的联合意志。"[2]这样的判定，并不是基于对民主选举的认可与期待，而是对立法的本质是过程立法、主体立法的肯定，这与法权作为个体权利的主体性和人与人之间关系的主体间性的双重特点相呼应。第三，立法并不仅仅是对法权现象的镜像反应，法治建设应重视法条在生活世界的切己性、各种层次的法条之间的系统性、整体关联性和法对于生活的引导与指向作用。为此，要为法权的实现创造条件，通过立法保护法权，促进法权。

三、通过法权确立起法与国家的实质关系

（一）法与国家关系的两种极端化倾向

改革开放以来，在中国法学界存在着两种极端化倾向，一种是没有国家的法律观，另一种是没有法律的国家观。所谓没有国家的法律观，是指将法律看成由一系列概念、规则、原则

---

[1] 庄振华：《黑格尔法权概念的现代意义——以〈法哲学原理〉"导论"为例》，《思想战线》2016年第2期。
[2] 李秋零主编：《康德著作全集》第6卷，中国人民大学出版社2007年版，第324页。

组成的集合体，法治的理想状态就是构建这样一个比较完美完整的集合体，并把这样一个集合体运用到现实中。与没有国家的法律观形成极大反差的是没有法律的国家观，所谓没有法律的国家观，则是把马克思的经济基础决定上层建筑的思想进行机械教条主义的理解，意图把国家的一切现象采取简单的还原论的手法，还原到经济层面去理解和认识国家，经由这样的理解和认识，变相地把法律从国家的视野中剔除出去，从而导致法律在一个国家中失去自己的家园、没有自己真正成长的历史。

德国哲学家费希特认为："在国家之外，不存在任何法权。除了当国家公民，没有任何人拥有法权；而国家公民仅仅是那种对建立国家权力做出贡献的人。"[1]"对此，费希特指出，必须建立一个有形的强制力量，才能使法权规律在国家范围内得到认可。而建立这个有形的强制力量，必须依赖于一个由原始法权、强制法权和国家法三个部分构成的具有独创性的法权体系才能得到保障。"[2]但应注意到，西方法权学说是建基于社会契约论之上的法权学说，这导致在个人自由与国家强制之间存在不可克服的内在矛盾。

（二）"法与改革"联合结构体现了国家与法的内在统一

在"法与改革"联合结构中包含这样三个基本向度：经济关系的基础作用、法权关系的中介作用、立法表达的机制化作用，这样三个环节构成了由经济关系、法权关系、立法表达贯通起来的永动的内在发条。坚持"法治国家、法治政府、法治

---

[1] [德]费希特：《对德意志民族的演讲》，梁志学等译，辽宁教育出版社2003年版，第211页。
[2] 王荔：《费希特法权哲学独特的问题域及其演进》，《南通大学学报（社会科学版）》2016年第5期。

社会一体推进""人民是依法治国的主体和力量源泉""必须坚持法治建设为了人民、依靠人民、造福人民、保护人民，以保障人民根本权益为出发点和落脚点"，《中共中央关于全面推进依法治国若干重大问题的决定》提出的这一系列重要论断，就是对这一内在法条之环节及作用的高度概括。没有国家就没有一切，正是国家而不是法律成为决定法律的命运所在。随着中国社会变革向广度扩展和深度推进，中国"法"的生成之道也在发生变化、走向成熟，越来越走向一种与国家同构的状态。中国作为一个国家的神圣结构和源泉动力建立在中国社会变革的基石上，我们再也不能停留于单纯立法或法律的立场上去理解和认识法，而应从中国社会变革中理解法，从法权建构中理解法，通过这种理解实现国家与法的内在统一。

小　结

1978年开始的改革使中国社会发生了深刻变化，这一变化目前仍在延续。面对改革促成的中国社会的全面变革，我们有必要对为什么要改革、什么是改革，这两个问题作出回答。"改革是中国共产党人民性的根本体现"提供了为什么要改革这一问题的答案，"改革的本质是法权的全面建构"提供了什么是改革这一问题的答案。其中，法权是理解法与改革关系，进而理解中国社会变革的关键环节。法权概念的提出，彻底打通了"法"与"改革"的关系，实现了"法"与"改革"的融会贯通，为"法与改革"联结结构成为一个一体化的、能够经得起实践检验的概念体提供了根本支撑。

第三章
"法与改革"联合结构的秩序进路

从 1978 年至今，中国的改革开放已经进行了 40 余年。面对 40 余年改革开放的历史，可以有不同的审视方式，其中有的审视方式会引起人们的争论甚至于质疑。如要寻求共识，可以从秩序的维度去尝试。经验能说明这样一个简单的道理，即人必须或应该在秩序中生活，没有秩序就没有一切。但是，回顾人类历史，却是一部沉重的求秩序而不得的历史。数千年人类文明史，处于正常秩序状态的时间并没有多少，置身其间并能安然一生的人实属幸运，战争、冲突、动乱等各种非正常秩序与人类文明史如影随形，发生在短短一百多年间的两次世界大战对整个人类秩序的严重破坏足以说明，秩序对于人类文明具有基础价值。现实世界中我们目睹了一些国家或民族为所谓"自由"、"民主"和"人权"而导致的失序局面特别是民不聊生、生灵涂炭的局面，更是将人类陷入一种秩序的悖论。至于中国，所经历的命运与整个人类差不了多少，而从 1840 年鸦片战争始，中国社会更是陷入了一种内外夹击的秩序困扰局面。面对内外各种因素导致的失序局面，争得一个正常社会秩序和政治秩序成为近代以来中国人的梦想。新中国的成立以及为这一重大历史时刻举行的开国大典，就是一次庄严的秩序奠基之礼，人们因之而欢喜雀跃和心理上的放松，则是因应这种外在秩序的一种内在心灵秩序的表白。然而，令人遗憾的是，新中国成立后的中国社会并没有彻底进入一个正常和有序的运行状态。1978 年果断停止"以阶级斗争为纲"，将党和国家的工作重点转移到社会主义现代化建设上来，作出实行改革开放的历史抉择，可以说是一次对秩序的崇高敬意。从此，中国社会走上了一条正常的秩序建构道路。40 余年的时间，在人类文明史上的时间并不算长，然而，对比1840年以来中国社会长时间段的失序局面，改革开放以来整个中国社会处于一种良好的秩序状态，实属弥足珍贵。改革开放以来，中国共产党带领人民创造了"两大奇迹"，隐藏在"两大奇迹"背后的是更为深厚的秩序之理。准确地讲，1978年以来的中国社会变革，展示的是一种秩序建构的方式，这种秩序建构的方式，呈现出的是"法与改革"联合结构的秩序本相，这种秩序本相可以用一种法治文明秩序来表达，而一种法治文明秩序究其实质和未来前景，同时也是一种曾经为康德所言的面向世界和面向未来的永久和平秩序。

第一节 中国社会变革中的秩序诉求

一、近代中国社会面临的秩序困扰

1840年是中国由传统社会开始向现代社会转变时间上的分水岭，而传统社会向现代社会的转变其实就是由一种传统文明秩序向一种新文明秩序的转变。然而，"历史发展不会自行成为一个秩序井然的整体。"[1]发生在近代中国的这一重大文明变革，并没有一蹴而就、一帆风顺地使中国社会进入一个井然有序的状态，而是遭遇了一场对中国来说史无前例的秩序困扰，

---

[1] 雷蒙·阿隆：《想象的马克思主义》，上海译文出版社2007年版，第198页。

这一秩序困扰同时构成了中国人百年以来沉重的心路历程。

(一) 为什么是文明秩序

为什么要把传统社会向现代社会的转变概括为是由一种传统文明秩序向一种新的文明秩序的转变呢？准确地讲，为什么要用文明秩序这一概念呢？对这一问题的回答，包括以下三点：

第一，秩序体现了人类共同的价值。"文明秩序的核心是秩序"[1]，因此，要回答为什么要用文明秩序，首先需要对秩序有一个基本了解。与秩序相对应的是混乱、无序。由于秩序具有规律性、有序性、确定性和稳定性的特点，因此，人们愿意过一种有秩序的生活，社会也应成为一个有秩序的社会。人们之所以要远离战争，追求和平，就是因为和平代表的是一种社会秩序。

第二，文明秩序是一个可以用来概括一个社会存在样式的综合性和权威性概念。面对一个社会，我们可以从多个侧面、用多种表达方式来加以概括。如从社会的角度，可以用生活在这个社会中的人们的收入水平、贫富差距、行为方式、心理活动、文化水平等指标来加以概括；从政治的角度，可以用自由、民主、平等（也适用于社会）等指标来加以概括。然而这些指标，只是对这个社会的一种局部的观察，难以让人们看到这个社会的整体。更重要的是，在一个没有秩序的社会，所有这些指标都失去其存在的价值。如为了追求自由、民主而造成社会动荡，最终仍然要由秩序来安顿这个社会；因为一个有

---

[1] 於兴中：《法治与文明秩序》，中国政法大学出版社2006年版，第54页。

秩序的社会，才有可能是一个自由、民主的社会。而从秩序的角度看，政治秩序、经济秩序、文化秩序、社会秩序，只是基于秩序维度对这个社会某一侧面的把握。相反，文明秩序具有"文明"与"秩序"的重叠效应，则是对一个社会的存在样式的总体性概括。与此同时，文明秩序这样一个概念，由于涵括了"文明"与"秩序"两个向度的要求，因此，其对一个社会存在样式的概括，表达的是这个社会的长时间段的特征，如把中国传统社会概括为一种传统文明秩序，就是对几千年中国社会的一种概括。当然，这里所谓的长时间段，并没有确定的时间限制，而是指某一社会在某一时间段里在动态变迁中所呈现出的总的规律性特点和发展趋势，因此，是一个可以用来概括某一社会的存在样式的综合性权威性概念。

第三，从实际情况看，有学者已将文明秩序这一概念适用于我国，并具有相当的说服力。如金耀基就用文明秩序这一概念概括中国传统社会和现代社会，认为"中国在十九世纪末叶之前，文化自成一体，具有一独有的文明秩序，但这个文明秩序在西方冲击下已崩解，百年来中国的'现代转向'，一个接一个的现代化运动，就其目的而言，无非在建构一个中国现代的文明秩序，或建构一个中国的现代性"[1]。"中国的现代化不能简单地看作是为了中国的富强，它基本上是寻求新的文明秩序的一个历史过程。"[2]张恒山认为，"现在看来，这个变

---

[1] 金耀基：《中国文明的现代转型》，广东人民出版社、南方出版传媒2016年版，第90页。
[2] 金耀基：《论中国的"现代化"与"现代性"——中国现代的文明秩序的建构》，《北京大学学报（哲学社会科学版）》1996年第1期。

向实际上就是世界性的文明转型——由农耕文明向商工文明转型"[1]，是文明类型的转变。这里，张恒山虽然使用的是"文明类型"，但与"文明秩序"实属同义，或者说用文明秩序可能更精当一些。

此外，有学者已对文明秩序进行了专门的概念分析，如於兴中认为，"构成文明秩序的要素众多，但最主要的有四个方面，即普遍认同的概念范畴、体现这些概念范畴的制度设计、解决概念矛盾和制度冲突的权威及集团秩序意识"[2]，在此基础上，他将人类所经历的文明秩序划分为宗教文明秩序、道德文明秩序和法律文明秩序。在这里，文明秩序成为一个用来概括整个人类社会发展样态的权威性概念。

笔者以为，将文明秩序适用于中国可谓实至名归。就1840年以前的中国而言，其自成一体的特征和完整性的延续，所具有的包容性和开放性，自然可以用一种文明秩序来概括。而1840年以来的中国社会，由于受外力干扰，走上了一条由传统社会向现代社会转变的道路，这一转变实际上是一种总体性文明变革。这种总体性文明变革，经历了100多年的艰难历程，到了1978年的改革开放，发生了创造性历史飞跃，这种创造性历史飞跃体现在40余年中国社会变革的广泛性、深刻性、全面性、多样性、丰富性中，就是意味着一种新的文明秩序的生成。

---

[1] 张恒山：《文明转型与世界法律变革》，《法律科学》2021年第1期。
[2] 於兴中：《法治与文明秩序》，中国政法大学出版社2006年版，第57页。

（二）中国遭受有无秩序和新旧文明秩序转换交叠的困扰

1840年前的中国，其文明自成一体，从1840年始，走上了传统文明秩序"解构"和新的文明秩序"重构"的道路。这一转变包括两方面的含义：第一层含义是，由于这一转变并不能自然完成，而要面临来自中国社会内部和外部的双重压力，这些压力对中国社会秩序构成了客观上的压力。一个社会的正常运行和政治统治的有效进行，需要一定的秩序条件。如清末咸丰、慈禧和光绪的弃京出逃，就是这些人物代表的政治权威系统对这种秩序压力的应急反应。可以说，从1840年至新中国成立之前，中国社会一直面临着这种秩序压力。进一步讲，一直到今天，由于受外力作用，这种秩序压力仍然存在，所以我们一直把保持稳定、维护国家政治安全放在很重要的位置加以强调。第二层含义是，中国社会从传统文明秩序向一种新的文明秩序转变所带来的文明变革的压力。对中国来说，从传统文明秩序向一种新的文明秩序的转变，是一种总体性文明变革，这一变革本身对中国社会必然构成一种广泛、全面和持久的压力。洋务运动、戊戌变法、清末新政和预备立宪、辛亥革命等，可以说就是这种对文明变革压力的表达。需要明确的是，近代中国社会所面临的秩序压力和文明变革压力，以交叠的形式缠绕在一起，构成了自1840年以来中国社会遭受秩序困扰的命运格局。

二、新中国的成立是一次根本的秩序奠基

实现传统文明秩序向一种新的文明秩序的转变是一场总体性文明变革。对于清末政权来说，由于其本身就是传统文明秩序的重要承载，因此，面对这样的转变，必然陷入进退失据的矛盾困境。事实上，清末政权也正是在维系自身与实现变革的内在冲突中走向覆灭的。然而，一个旧政权的消亡远不等于一种传统文明秩序的瓦解，一个新政权的诞生也远不等于一种新的文明秩序的建立。清末政权消亡后，中国社会所面临的秩序困扰丝毫没有得到减轻，秩序层面的乱局对传统文明秩序向一种新的文明秩序转变所形成的压制格局，并没有根本改变。所谓"救亡压倒启蒙""时间换不来空间"，其实指的就是自清末以降，中国社会所面临的这种安顿秩序与进行文明变革、实现新旧文明秩序转变之间难以协调的矛盾困境。走出这种秩序困扰，是近现代中国的命定，因为唯有走出这一困局，才具备实现新旧文明秩序转变的可能。以新中国的成立为标志，从根本上摆脱了自清末以降的秩序乱局，进而为一种新的文明秩序的建构提供了基础条件。

（一）新中国的成立为走出近代中国所面临的秩序困扰提供了政权保障

从 1840 年鸦片战争始，中国就一直面临着"政权问题"的严重制约。所谓近代中国面临的"政权问题"：一是指政权自身的问题，二是指政权自身与外部世界的关系问题。这两个问题归结到一块，其实就是政权的软弱和被动的问题。解决

"政权问题"是近代中国摆脱秩序困扰、实现文明变革的首要任务。这是因为：在现代社会里，国家是最主要的政治实体，政权则是一个国家的核心组成部分，是一个国家政治秩序有效运行的基础，是一个社会拥有正常秩序的根本保障。摆脱近代中国一直面临的秩序困扰，必须彻底解决"政权问题"。新中国的成立，标志着一个新政权的诞生，这样一个新政权有别于其他一切政权的地方在于：彻底摆脱了自1840年鸦片战争以来的一切政权所面临的软弱被动局面，作为一个政权，首次得以展示其充分的自主性、独立性和有效性。一个持久的、强有力的政权的诞生，不仅标志着中国社会彻底结束了1840年鸦片战争以来社会秩序的混乱局面，而且标志着一种新的文明秩序的建构有了最基本的政治支撑。事实也证明，新中国成立后，正是因为有强有力的政权保障，特别是确立起人民代表大会制度、中国共产党领导的多党合作和政治协商制度、民族区域自治制度，为今后中国社会的一切变革奠定了根本制度基础，使得整个国家才可以在建设和各种运动中拥有较大的回旋空间，以至于在"文革"刚刚结束，就能够作出改革开放的历史抉择，这就是政权发挥作用的集中体现。

（二）新中国的成立为走出近代中国所面临的秩序困扰提供了时空条件

"时间是事物发展的顺序性和持续性，空间是事物存在范围的广延性和伸张性。"[1]无论是从无序走向有序，还是实现传

---

[1] 景天魁等：《时空社会学：理论和方法》，北京师范大学出版社2012年版，前言，第4页。

统文明秩序向一种的新文明秩序的转变，都是一个在特定时空条件下逐步展开的过程。一方面，特定时空条件为这种展开提供了施展的场域；另一方面，又可能构成一种压制。发生在中国的秩序困扰，是外力作用的结果。虽然这里的外力也为实现新旧文明秩序的转变提供了契机，但是，因为这样的契机并不是西方文明以"文明"的方式示范给我们的，而是以"野蛮"的方式强加给我们的。这种强制性特征，所产生的一个直接的后果就是，对文明赖以成长的时空条件的破坏。

具言之，发生在中国的新旧文明秩序的转变，一直遭遇一种不利的时空条件。这种不利表现在时间方面，就是文明秩序成长所必需的时间上的顺序性和持续性与现实时间的逼仄之间的矛盾，这一矛盾一直以不同的表现方式，贯穿于近现代中国的历史，从戊戌变法到清末新政和预备立宪再到辛亥革命，直至新中国成立后所进行的"超英赶美"的"大跃进"运动[1]，都可以看到这一矛盾的线索。这种不利表现在空间方面，就是文明秩序成长所必需的空间上的合理性与现实空间狭窄性之间的矛盾。领土和主权是一个国家的基本空间。从1840年始，中国以主权和领土为主的空间就一直遭到内外力量的挤压，内力表现为军阀割据、民族分裂以及社会动荡对空间的内在损伤等，外力则表现为强加给中国的一系列不平等条约、领土和主权的割让、中国在国际上的不平等地位和不平等待遇等空间的外在损伤。以新中国的成立为标志，从根本上扭转了近代以来中国一直面临的这种时空上的不利条件，中国真正成为一个时

---

[1] 姚建宗、侯学宾：《中国"法治大跃进"批判》，《法律科学》2016年第4期。

空上完整的、一致的中国，彻底实现了时间和空间自主，这就为安顿秩序和实现新旧文明秩序转变提供了必要的时空条件。

（三）新中国的成立为走出近代中国所面临的秩序困扰奠定了重要物质基础

从1840年西方列强用坚船利炮打开中国的国门开始，中国就走上了一条农耕文明遭遇现代工业文明的道路。近代以来，一系列不平等条约的签订、战争的屡次失败、土地的割让、主权的丧失、人民付出的巨大牺牲等，其背后隐藏的是中国农耕文明面对西方工业文明的劣势处境。面对这种劣势处境，走出一条成功的工业化道路，对摆脱秩序困扰、实现传统文明秩序向一种新的文明秩序的转变极为关键。之所以这样讲，是因为"工业化不只是企业层面生产技术的变革，更是民族国家的振兴"[1]，近代中国遭受外力干扰的历史一再证明，没有实现工业化，就难以走出秩序困扰的局面。"通过假设先进的政治体制和法律制度是经济发展的前提，这些理论忽视了制度和法律在人类历史上由生产方式推动的内生性演化，以及在任何政体下面口号与实践之间、法律与执行之间、制度与政策之间的不连续性和不相干性；从而导致对后果与原因、相关性与因果性、上层建筑与经济基础、开放的政治权力与开明的经济自由之间的混淆。"[2]

面对西方国家的侵略，部分中国人包括清末政权其实已经

---

[1] 文一：《伟大的中国工业革命——"发展政治经济学"一般原理批判纲要》，清华大学出版社2016年版，前言，第16页。

[2] 文一：《伟大的中国工业革命——"发展政治经济学"一般原理批判纲要》，清华大学出版社2016年版，前言，第3页。

意识到工业文明的力量，近代思想家魏源提出的"师夷长技以制夷"，这里的"技"就是指西方先进的工业技术。"洋务运动是中国在近代史上第一次试图开启工业革命的尝试。"[1]但是，从1840年鸦片战争一直到新中国成立之前，中国虽然在推进工业发展方面取得了一定进步，但比较彻底的工业化是在新中国成立后得以实现的。新中国实行的工业化，是建立在对近代以来中国发展道路的深刻反思基础上，体现出的是一种国家意志主导下的发展战略。依靠这种国家意志，新中国成立后，我们用了较短的时间，就基本上建立起比较完整的工业体系。现代工业体系的基本建立，不仅为中国社会变革奠定扎实的物质基础，更为重要的是，为国家总体安全提供了物质保障。正是因为有了来自工业化体系提供的坚实保障，中国才能真正实现领土和主权的完整，才能作为一个主权国家比较从容地进行秩序安顿和实现新旧文明秩序的转变。

三、改革开放进行了成功的秩序建构

新中国的成立是近现代中国史上的一次根本秩序奠基，实际上包括这样两层含义：第一层含义是，"一次根本的秩序奠基"是针对自1840年鸦片战争至新中国成立之前这段历史而言的。这是指新中国的成立从政权保障、时空条件和以工业化为主的物质基础等方面走出了近代中国所面临的秩序困扰局面，一言以蔽之，具有结束过去的明确指向。第二层含义是，"一次根本的秩序奠基"是针对新中国成立以后的历史而

---

[1] 文一：《伟大的中国工业革命——"发展政治经济学"一般原理批判纲要》，清华大学出版社2016年版，前言，第16页。

言的。这是指新中国的成立为一种新的文明秩序的建构具有奠基作用。这里所谓的奠基，是指提供了初始条件。但是，相对于秩序建构本身，初始条件毕竟属于条件范畴。之所以这样讲是因为：一方面，新中国成立后，虽然政权已经建立，但是巩固政权需要一定时间，而巩固政权与文明秩序的变革既有紧密的相关性，又存在着巨大的差异。事实上，新中国成立后，长期以来坚持"以阶级斗争为纲"，初衷是出于巩固政权的需要，但又与秩序建构之间存在着不可调和的矛盾。另一方面，新中国成立后，虽然政权已经确立，各方面的建设取得了一定成就，但是，对怎样进行秩序安顿、如何走出一条文明秩序变革之路，由于受特定历史条件的限制和局限，没有给出正确的答案。完成这一任务是由改革开放开启的，总结40余年改革开放的历史，我们可以从经济、政治、文化、社会、生态等方面去列数取得的成就，然而，将改革开放归结为成功的秩序建构，更为根本。

（一）"以经济建设为中心"形成了基础秩序结构

从新中国成立至改革开放之前，相当长一段时间贯穿着"阶级斗争"这条主线，这样一条主线，与秩序建构存在着不可调和的矛盾。党的十一届三中全会作出果断停止"以阶级斗争为纲"、把党和国家工作的重心转移到"以经济建设为中心"上来，就是解决这一矛盾的途径，也是开启秩序建构的根本历史抉择。

一方面，果断停止"以阶级斗争为纲"，是对整个中国社会进行秩序安顿的必要前提，因为只有否定"以阶级斗争为纲"，秩序建构才有现实条件。另一方面，把党和国家工作的重心转移到"以经济建设为中心"上来，就是在提供基础秩序结构。人是从事社会活动的人，无论是进行阶级斗争，还是进行经济建设，其主体都是人。从事阶级斗争的人，称之为"阶级人"，在"阶级人"的标签下，再进行不同阶级的划分，因为划分为不同的阶级，在不同阶级之间必然就有斗争，而上升到"以阶级斗争为纲"，则意味着不同阶级之间进行斗争就成了社会的主要矛盾，同时也就成了一种主要的社会生活。相反，从事经济建设的人，则称为"劳动者""建设者"，在"劳动者""建设者"身份的标签下，人们从事的是生产经营活动，而且这种生产经营活动和其他正常的社会活动，构成了人的主要社会行动。马克思说："劳动才是人的第一需要，任何一个民族，如果停止了劳动，不用说一年，就是几个星期也要灭亡。"马克思的这一论断，是从物质生产对人类生存和发展的决定性作用来讲的。基于秩序的维度，由于生产经营活动和其他正常的社会活动，与人的生存和发展的切己性，所以，生产经营活动本身就成为秩序建构的一种方式，而且是一种基本方式。所以，由"阶级人"向"劳动者""建设者"的转变，不仅是中国人在身份上的一次根本转变，而且是在行为方式上的一次根本转变。

对"以经济建设为中心"从创造物质财富的角度理解诚然是正确的，也符合改革开放以来，我国在物质层面取得重要成就这一历史事实。但是，经济建设本身所内含的人的身份的转变，以及随着身份转变而发生的行为方式上由过去的"阶级人"向"劳动者"和"建设者"的转变，对安顿秩序和文明秩序变革的意义更是革命性的。因为正是"劳动者""建设者"用自己的行动型构了中国社会的基础秩序。而这一基础秩序构成了一个文明秩序不可撼动的、永久性的基础。自1840年以来，中国社会长时间段处于或革命或斗争或动荡的语境中，直至新中国成立后，仍处于这种革命斗争的漩流中而不能转身。但是，革命和斗争都不是安顿秩序的方式，因此，党中央果断作出停止"以阶级斗争为纲"的决定，把党和国家工作的重心转移到"以经济建设为中心"上来，其更为重要的意义指向在于，从根本上结束了从1840年鸦片战争以来的秩序困扰，进而把一种新的文明秩序建构的历史起点郑重地敲定在改革开放这一时间节点上。从此，沿着这一时间节点，围绕"经济建设的基本逻辑"，确立起以公有制为主体、多种所有制共同发展的基本经济制度，建立起社会主义市场经济体制；明确发挥市场的决定性作用和更好地发挥政府的作用。

（二）稳定对秩序建构的特殊价值

中国社会秩序建构的实质是一个在中国语境中实现文明变革的过程。以1840年鸦片战争为起点，中国文明秩序变革所处的中国语境经历了这样三个特定的历史时期，即动荡期、稳定期和成熟期（或成型期），这三个历史时期共同构成了中国社会文明秩序变革的完整历史，这也可以说是一种新的文明秩序在中国成长的历史。然而，一种新的文明秩序的成长，并不是在任何中国语境下的自然生长，相反，它只能在特定语境下开启自己真正的历史。这是因为，中国文明秩序的成长是秩序与中国社会遭遇的结果。既然是遭遇，那么，就意味着有不同的遭遇，而在不同的遭遇下，其命运注定会有所不同。

具言之，对中国来说，动荡期虽然是文明秩序变革必然要经历的时期，但并不是文明秩序正常成长的历史，这是因为一种秩序的成长并非在任何语境下的自然成长，而只是在特定理想语境下开启自己的历史，进而呈现出自己的理想图景，而改革开放就提供了这样的理想语境。之所以说改革开放提供了理想语境，一个十分重要的原因就是以实行改革开放为标志，中国社会第一次彻底终止了自鸦片战争以来中国社会一直面临的秩序困扰，进入一个真正的稳定期，这样一个稳定期也正是安顿秩序和生成一种新的文明秩序的历史。这里所谓的"稳定期"，从时间上看，并不是一种短暂的"稳定"，而是一种长期的稳定；从空间上看，则是指无论在与外部世界关系的层面，还是就中国社会内部，都处于一种稳定的状态。

这里之所以要说从与外部世界关系的层面，是因为自从1840年中国进入世界之后，中国的稳定就一直表现为与其自身所处的外部世界的一种关系结构。即中国的稳定并不只是中国社会内部的问题，而是一个在与外部世界形成的关系结构中进行关系性审视的结果。从鸦片战争、甲午中日战争、抗日战争这些发生在新中国成立之前的中国与外国之间的重要战争，一直到新中国成立后的抗美援朝战争，以及中国提出的"深挖洞、广积粮""备战备荒为人民"等方针和战略，直至现在的南海问题，其实都是在对中国与外部世界所形成的关系结构进行关系性审视的结果。需要指出的是，这里所谓的关系性审视，不只是一个对中国与世界关系的客观分析问题，而且是一个可以经由中国进行主体建构的问题。之所以这样讲，是因为自鸦片战争至今，中国与世界的关系问题经历了和必然经历一个从被动面对逐步向主动建构转变的过程。

众所周知，中国最开始进入世界，并不是主动进入的，而是外力以强制的方式把我们拖入的。中国进入世界的这种被动遭遇，意味着我们必然要以一种"挑战—应对"的模式来面对外部世界，但这种"挑战—应对"模式，并不是适用于任何时间段的，而只是中国在特定历史阶段的特定遭遇。准确地讲，以 1978 年中国把"和平与发展"作为时代主题为标志，实际上中国就走上了一条结束这种被动局面，主动融入世界的道路。从此，中国大踏步走入世界，世界也大踏步走入中国，一直到加入 WTO，再到今天提出构建人类命运共同体，这样一系列的成果，并不是外部世界赐予我们的，而是我们在对中国与外部世界所形成的关系结构进行关系性审视的结果，而这种关系性审视其实体现出的是我们对中国与世界关系进行主体性建构的内在理路。梳理这种内在理路，从改革开放的历史抉择主动面对世界的一面中，从"和平与发展"为时代主题的判断中，从中国加入 WTO 融入世界的关键一步中，从提出构建人类命运共同体的理念中，凡此等等，都内在地隐含了"稳定"的指标。

可见，中国的稳定并不仅仅是一个中国社会内部的问题，而是一个在对中国与其自身所处的外部世界的关系结构进行关系性审视中主动建构的问题。而当深入到中国社会内部，40 余年来，中国一直保持中国社会的和谐稳定，也在矢志不渝地促进社会的和谐稳定。综合所面对的外部世界和中国社会内部的各种因素，我们之所以要一再强调稳定，实是因为稳定之于秩序建构具有特殊价值，这种特殊价值体现在以下三个方面：

第一，只有在一个稳定的社会中才能进行秩序的安顿和建构一种新的文明秩序，无序的社会断然不会有任何文明秩序成长的空间，相反，只能增加这种文明秩序成长的曲折性。这是因为秩序建构是需要时间和空间的，这种时间和空间的累积，构成了秩序建构的历史或秩序史，在这里，稳定构成了秩序建构的前提条件。

第二，稳定与秩序建构的关系还在于，随着秩序建构的展开，属于刚性层面的稳定必然有弱化的趋势，社会的稳定越来越表现为秩序本身的表达方式。之所以这样讲，是因为社会秩序有外部秩序和内部秩序之分，外部秩序是指受外力影响而形成的秩序，内部秩序则是指经由社会行动主体行动的结果。在中国，进行秩序安顿和实现传统文明秩序向新文明秩序的转变，实是一个依赖外在秩序支持，建构内部秩序的过程。在这一过程中，随着内部秩序的形成，外部秩序将逐渐处于辅助性地位。

第三，稳定之于秩序建构的特殊价值，还表现在中国进行秩序建构和实现传统文明秩序向一种新的文明秩序的转变，是一个在中国语境中的创造性历史飞跃。这种创造性历史飞跃，体现在属于个体的中国人和属于群体的中国人的行动中，而这种行动必须以稳定为条件。

（三）中国共产党主导的权威系统在秩序建构中的枢纽作用

"事情最怕的是乱，而权威多了就会乱，因此，权威应是独一无二的。"[1]苏联的改革最终导致国家解体，可以说就是苏共丧失权威的结果。自1840年鸦片战争以来，中国之所以陷入一种秩序困扰，难以实现传统文明秩序向一种新的文明秩序的转变，与权威不足或丧失权威或权威没有很好地发挥作用，有直接关系。改革开放以来，中国之所以能够进行秩序建构、开启一种新的文明秩序的建构，一个十分关键的原因就在于作为执政党的中国共产党主导的权威系统发挥着权威作用。

实现传统文明秩序向新文明秩序变革的转变，是一种总体性文明变革；作为一种总体性文明变革，是包括国家变革和社会变革在内的总体性变革。实现这样一种变革，绝不是哈耶克进化论意义上的自生自发秩序形成的过程，而是一个国家秩序和社会秩序双向建构的过程。这种国家秩序和社会秩序的双向建构，共同构成了中国社会秩序建构的完整逻辑，同时构成了一种新的文明秩序生成的真正历史。为什么说是国家秩序和社会秩序双向建构的过程呢？这是因为始于1840年鸦片战争起的中国社会变革，其起因并非来自中国内部，而是受外力干扰的结果。这种外力对秦汉以来的中国传统意义上的传统文明秩序产生了一种"破窗效应"，这种"破窗效应"导致的结果就是一种传统文明秩序的"解构"和一种新的文明秩序的"重构"。而无论是一种传统文明秩序的"解构"还是一种新的文明秩序的"重构"，都是一种总体性文明变革，既然是"总体"就必然包括国家和社会这样两个层面，或者说国家和社会是对这种"总体"的完整概括。

---

[1] 赵明:《实践理性的政治立法——康德〈论永久和平〉的法哲学诠释》，法律出版社2009年版，第70页。

既然这种总体性文明变革是由国家和社会这样两个层面构成的完整结构或完整逻辑，那么，这种秩序建构或者说实现传统文明秩序向一种新的文明秩序的转变。对于国家来说，实质上就是一个建国或立国的问题，即国家秩序的建构问题；对于社会来说，实质上就是一个社会秩序的重建问题。国家秩序的建构和社会秩序的建构，共同构成了一种新的文明秩序的历史。

之所以说国家秩序的建构和社会秩序的建构，绝不是哈耶克进化论意义上的自生自发秩序形成的过程，因为就国家秩序与社会秩序的关系而言，存在一个社会秩序如何组织的问题；就一种新的文明秩序的"重构"与外部世界的关系而言，这存在一个中国作为一个由国家秩序和社会秩序组成的完整"国家"与外部世界的关系问题。这两个问题综合成一个问题，其实质就是权威主导下的秩序建构问题。可以说，自1840年鸦片战争以来，所谓秩序建构或者一种新的文明秩序的"重构"，必须面对的一个核心问题就是权威问题。或者说对权威问题的解决，其实就是构成了"建国""立国"或社会秩序重建首先需要回答的问题。这样讲的理据在于：就中国与外部世界的关系而言，秩序建构或一种新的文明秩序的"重构"，并不只是中国社会内部的问题，而是一个中国与外部世界的关系问题。中国"三千年未有之变局"所指向的一种传统文明秩序的"解构"方面和"三千年未有之变局"所指向的一种新的文明秩序的"重构"的方面，都有一个如何面对外部世界的问题。

进一步讲，自1840年鸦片战争以来，中国与外部世界的关系问题，绝不仅仅是中国的对外关系问题，而是与中国能否确立一个权威或者以一个什么样的权威与外部世界进行"争斗",并在这种"争斗"中赢得主动的问题,这一问题实际上就是中国的"建国"或"立国"问题;就中国内部而言,这涉及一个国家秩序与社会秩序的关系问题。进一步讲,一种传统文明秩序的"解构"就其所指的社会层面而言,同样是一种总体性的"解构",而就一种新的文明秩序的"重构"所指的社会层面而言,同样是一种总体性的"重构"。而在"解构"后实现"重构"的实质就是建立一种国家针对社会的权威系统,只有依靠这样的权威系统,社会秩序的建构才有真正的"能力"。

这个权威系统就是中国共产党主导的权威系统。之所以是中国共产党主导的权威系统,是因为就中国与其外部世界的关系而言,中国共产党通过建党建国立国的行动,确立起自己的权威;而就国家秩序与社会秩序的关系而言,中国共产党通过自身主导的权威系统,进行了中国社会的秩序建构,这一历史任务是从1978年的改革开放正式开启的。

(四)法治的选择使秩序建构实现了由"人为秩序"向"社会进化秩序"的根本转变

1978年在开启改革开放的历史的同时,也开启了法治建设的历史。在同一个时间点,同时作出这两项重大历史抉择,绝不是偶然的,这两项重大历史抉择都共同指向了秩序这一根本维度。之所以这样讲,从最基本的层面看,是因为这样两项历史抉择,都具有明确结束过去长期以来在"阶级斗争"思维主导下的秩序混乱局面。然而,止于这样的认识还远远不够。这是因为，改革是法权的全面建构这一本质与法治建设内含的"法律体系""法治体系"之间形成的回应机制，成为中国社会秩序本身的表达。"法律体系""法治体系"与中国社会法权建构之间回应机制的形成和扩展，不但从根本上结束了近代以来中国社会秩序长期存在的或可能发生的混乱局面，而且更为紧要的是，改变了几千年来中国社会秩序的建构方式。

中国传统社会秩序是一个建立在自给自足小农经济基础上的、政治上由皇权体系主导的、以儒家文化为主流的中华传统文化为心理纽带的社会秩序。这样一种社会秩序，虽然有特定时期保持稳定和在更大的时间跨度内或者说中国大历史中所体现出的"超稳定结构"的一面；但是，也的确存在"人亡政息"、时断时续的社会秩序动荡的一面，这也构成了几千年来中国社会秩序变化的周期律，这一周期律主要以朝代更迭的方式体现出来。"法律体系""法治体系"与中国社会法权建构回应机制的形成和扩展，彻底改变了这一切，实现了由"人为秩序"向"自然秩序"的根本转变。之所以说实现了这一转变，是因为在"法律体系""法治体系"与中国社会法权建构回应机制的形成和扩展中，不断走向发达的法权越来越成为社会秩序的根基，"法律体系""法治体系"与中国社会法权建构的回应机制，也越来越成为中国社会秩序的一种正常表达方式。这一变化是从 1978 年开始的、中国历史上从未有过的一场秩序革命，这样一场秩序革命只能意味着作为一种新的文明秩序的"一种法治文明秩序"的生成。

第二节　中国社会变革秩序建构的逻辑遵循

任何事情的发生，都不是偶然的，其中必有遵循的逻辑。1978年改革开放以来中国所进行的"秩序建构"，一定遵循其内在逻辑的建构，这种逻辑可以用"法与改革"联合结构来表达，"法与改革"联合结构构成了对1978年以来中国所进行的秩序建构逻辑的完整表达，遵循这样的逻辑所建构的秩序，是一种法治文明秩序。

一、"法与改革"联合结构是对秩序建构逻辑的完整表达

（一）中国社会变革所进行的是一种总体性秩序建构

自1840年鸦片战争始，中国就走上了告别"一种传统文明秩序"和走向一种新的文明秩序的历史，在这一拆旧迎新的漫漫长途中，一代又一代中国人，既体验过拆旧的酸楚，也体验过迎新的悲壮。从西方列强以强力"破窗"的方式进入中国传统社会的那一刻起，"一种传统文明秩序"所面对的"破窗效应"已然呈现。亲眼看到、亲自体验这一重要历史场景的晚清重臣李鸿章发出的"三千年未有之变局"的感叹，虽然今天没有翔实的历史记录，但其中包含的无奈和苦衷，应该反映了历史的本来面目。后来的历史，也的确以历历在目的一个又一个重大历史事件，一代又一代中国人的体验和感受，中国社会

所发生的历史变迁，一再验证"一种传统文明秩序"的退场的不可逆转，同样也意味着一种新的文明秩序的登场不可阻挡。然而，无论是退场还是登场，都是历史按照其自身的逻辑，环环紧扣的现实呈现。其中的艰难曲折、牺牲代价，则是一个民族、一个国家在特定历史时期为之付出的代价。

这种新旧文明秩序的转变，之所以如此艰难曲折，实是因为这是一种总体性文明变革。进一步讲，这是发生在中国这样一个无论是从体量上还是历史负重上都呈重量级的国家身上的一场文明变革；这是自秦汉以来以自身逻辑成长起来的传统中国与以西方为主的外部世界发生的一次迎面撞击；这是发生在传统中国与以西方为主的外部世界的一场文明遭遇战，是沉淀几千年来的为中国所保有的一种传统文明与外来文明的全面对峙。从历史的真实细节看，这种大碰撞、这种遭遇战、这种对峙，可以有多种多样的表达，这些表达构成了我们重温和理解这一历史变迁的历史叙事；然而，隐藏在这些历史叙事背后的则是真实发生在中国历史上的更宏大更壮观的一种新的文明秩序的缔造。应该明确"一种传统文明秩序"的"解构"和一种新的文明秩序的缔造，并不是同时进行的。之所以这样讲，其中的道理很简单，拆除了旧的，未必就来了新的，因为毕竟是一种"总体性文明变革"。到此，我们可以得出，作为"总体性"的"一种新文明秩序"的缔造，就是对中国进行的一种总体性秩序建构。

（二）总体性秩序建构内含的逻辑机理

作为一种总体性秩序建构，自然有总体性的要求和铺排，这种总体性的要求和铺排，构成了这种总体性建构的逻辑机理。这种逻辑机理体现在两个基本层面：第一个基本层面是变革的要求，第二个基本层面是秩序的要求。这两个基本层面共同构成了这种总体性秩序建构的逻辑机理。

首先，来看变革层面。由于"一种传统文明秩序"的"解构"和"一种法治文明秩序"的缔造，都是一种总体性文明变革，这样一场总体性文明变革，自然内含了变革之理、变革之需，而没有变革、缺乏变革，从"一种传统文明秩序"向"一种法治文明秩序"的转变这一命题本身就不成立，正是变革成为这场总体性文明变革贯穿始终的基本线索，进一步讲，变革是这场总体性文明变革的本质要求。回到真实的历史，变革也的确贯穿于自1840年鸦片战争以来中国社会的全部历史中。就从大的历史事件方面看，洋务运动、戊戌变法、清末新政和预备立宪、沿袭一千多年的科举制度的废除、辛亥革命、政党政治在中国的出现、新中国的成立、社会主义改造直至改革开放的历史抉择，都是变革的体现。问题的关键还在于，由于是一种总体性文明变革，因此，这里所谓的变革，并不是局部的而是全面的，并不是暂时的而是贯穿于整个中国历史，并不是权宜之计而是中国社会的本质要求。

其次，来看秩序层面。无论是"一种传统文明秩序"的解构，还是"一种法治文明秩序"的缔造，都具有明确的秩序指向。创造一个适合秩序成长的环境，在秩序的环境进行秩序建构，进而完成这种秩序建构，以秩序的方式呈现出"一种法治文明秩序"的理想图景，是对这种总体性文明变革秩序指向的基本表达。长期以来，在我们的意识里，存在着一种轻视秩序的现象，自觉不自觉地把秩序与束缚人的手脚、对社会的压制等同起来，没有洞见秩序为人类所必需，秩序之美，秩序是人类的理想。没有秩序就没有一切，只有在秩序中才能求得更好的秩序。自鸦片战争以来，"一种法治文明秩序"的缔造之所以难以启动，就是因为没有秩序的支撑；而我们之所以将改革开放作为"一种法治文明秩序"正式开启的历史起点，就是因为从改革开放时起，中国才正式进入一种有秩序的环境，也正是在这一秩序的环境中"一种法治文明秩序"的缔造才逐步走向现实。作为一种总体性文明变革，必然是变革与秩序的内在统一。"法与改革"联合结构是对这种总体性秩序建构逻辑要求的完整表达。

那么，变革与秩序的内在统一作为改革开放以来中国社会总体性秩序建构的逻辑要求，应该以怎样的一种方式具体表达呢？对此，笔者给出的答案是："法与改革"联合结构是对这种总体性秩序建构逻辑要求的完整表达。之所以这样讲的理据在于以下两点：

第一，从1978年开始的中国社会变革，作为一种广泛、深刻、全面的变革，可以用改革这一概念来概括。之所以能够用改革来概括，不仅是因为中国社会的这一变革起步于改革，更是因为改革的广阔性和包容性。这里所指的改革的广阔性和包容性，不是指具体改革内容上的丰富性和全面性，而是指从总体性文明变革的视角，从"一种法治文明秩序"缔造的视角，改革与这种总体性文明变革及其与"一种法治文明秩序"的缔造具有的相称性，或者说它们之间处于相称的地位。前面，我们之所以要明确改革的特殊逻辑，其理由也在于此。而在现实生活中，我们之所以一再强调改革的重要性，之所以有些人对改革还有质疑，之所以对一些具体的改革还有争论，其原因在于，没有从改革与总体性文明变革及其与"一种法治文明秩序"的缔造具有相称性的高度理解改革。

第二，中国社会所进行的变革一定是有秩序的变革，变革的目的指向也是具有秩序诉求的"一种法治文明秩序"，至于怎样有秩序和如何形成"一种法治文明秩序"，在此，没有别的选择，只能是尊法而变、循法而变。此处所谓的法并不是指立法。之所以这样讲，是因为对这一问题的回答涉及法自何处这一更为根本的问题。对此，笔者给出的答案是，这里所谓的法也是从变革中产生的。正如前文所言，改革的本质是法权的全面建构。

二、中国社会变革的秩序建构是以法权为中心的全面建构

（一）法权在中国社会变革秩序建构中的中心地位

从1978年改革开放始，中国进行了成功的秩序建构。这样一场秩序建构，之所以能够成功并取得秩序上的效果，实是因为这是一场以法权为中心的秩序建构，易言之，法权在1978年以来中国社会变革所进行的秩序建构中居于中心地位。之所以这样讲，其理据在于以下两点：

第一，法权是由传统文明秩序向"一种法治文明秩序"转变的根本标志。正如前文所言，改革开放之前，由于我们坚持"以阶级斗争为纲"，人在身份上属于"阶级人"，人的社会活动也因之围绕"阶级"展开。在这样的社会语境中，社会秩

序的组织，突出的是阶级的功能和作用；而所谓法权，处于失语状态，并被贴上"资产阶级阶级"的标签而加以讨伐，则是其失去合法性的明证。党的十一届三中全会果断结束"以阶级斗争为纲"，把党和国家工作的重点转移到"以经济建设为中心"上来，彻底扭转了这一历史局面。正是从这一重要历史时刻起，人在身份上实现了由"阶级人"向"劳动者""建设者"的转变，这一转变对个人来说，是改变其生存状态和生活状况的一小步，但是这一转变对中国社会来说，却是从新中国成立时起、从1840年鸦片战争时起、从秦汉以来两千多年起，实现创造性飞跃的一大步。之所以有这样一小步和一大步，从根本上讲，就是因为法权的历史功用。1978年以来的中国社会变革，本质上就是一个法权全面建构的过程，在这一时间段所进行的成功的秩序建构，就是一场以法权为中心的秩序建构。或者说，1978年以来所进行的秩序建构之所以取得显著的效果，之所以使中国社会以一种正常秩序存在，并且这种正常秩序以稳态的形式呈现，实是法权发挥作用所致。进言之，法权构成了1978年以来中国社会进行秩序建构，走向正常秩序的隐形密码，进而也是中国实现由传统文明秩序向一种法治文明秩序转变的根本标志。

第二，之所以说法权构成了1978年以来中国社会进行秩序建构，走向正常秩序的隐形密码，进而也是中国实现由传统文明秩序向一种法治文明秩序转变的根本标志，是由法权自身的属性决定的。1978年以来中国社会所进行的秩序建构，从现象层面看，是以或者主要是以经济的面目进行的，它表现为"劳动者""建设者"所从事的各种各样的经济活动，而正是在

"劳动者""建设者"所从事的经济活动的表象中,隐含的是法权的价值和功用,这是因为法权具有天然的组织秩序和成就秩序的能力,如康德所洞见的"像那样行动,以至于你的意志的准则任何时候都能够同时作为共同的立法准则"的能力。

马克思指出,"法权关系是一种反映经济关系的意志关系",面对马克思的这一论断,我们或许会把理解的重心放在对资本主义经济关系的批判上,并且通过对资本主义经济关系的批判实现对法权的虚伪性的批判,最终通过这样的批判达到捍卫马克思唯物史观的真理的目的。应该说,这样的批判是必须的,但是也仅仅居于必须的层面,因为,正是在这种批判和对这种批判的享受中,从另一个更为根本的方面,我们在不经意间,实现了与法权的切割,并通过这样的切割,最终实现了对法权的放逐,进而达到证明自己政治上面对资本主义的清晰立场和清白身份。然而,正是在这种表明立场、自证清白的努力中,我们在另一个更为根本的方面,也实现了与法权的切割,与社会主义的切割,与我们正在进行的伟大社会变革的切割,与法权因素在这一社会变革中所起作用的切割。

之所以这样讲,是因为在马克思这一极具洞见的论断中,我们只关注了其经济关系的一面,并且因为对资本主义的关注,把注意力过度集中于经济关系的一面,从而放逐了其更具建设性的法权的一面,特别是放逐了法权与我们正在进行的社会变革可能存在的紧密关系的一面。因为,正是在马克思的"法权关系是一种反映经济关系的意志关系"这一论断中,从形式上看,"经济关系"相对于"法权关系""意志关系",其数量仅占一半;从实质内容上看,其实在这里马克思进行的是对法权的定义，也是一次成功的定义。正是在马克思对法权的这一成功的定义中，我们发现，面对"法权关系"及"法权关系"所体现出的"意志关系"，"经济关系"仅具有媒介作用，然而遗憾的是，在我们自己的理解中，把重心放在"经济关系"这一媒介上，而没有关注定义本身更根本的旨趣所在。

事实上，在马克思对法权的定义中，正是因为法权所表现出的"法权关系"，以及这种"关系"反映的是建立在以"经济关系"为基础的"意志关系"上，最终与康德对法权的理解取得了高度一致或暗合。因为在康德"像那样行动，以至于你的意志的准则任何时候都能够同时作为共同的立法准则"的论断中，我们更准确地看到，康德的这一论断，实际上是对马克思所表述的"意志关系"的进一步阐述，而在这一阐述中，我们得以看到的正是"法权"以"关系"真实面目呈现，正是这种"法权关系"表现出的"意志关系"，成为处于社会关系之网的具体行动的人的行动结构，而这种行动结构，因为"意志关系"的原因，实现了一次伟大的立法，这是具体的人以及这些具体的人所组成的中国社会进行的一次面对自己、面对中国社会、面对中国历史的伟大立法，进而经由这一伟大的立法，实现了对中国社会秩序的建构，并且经由这一建构，使我们第一次彻底地走上实现"一种法治文明秩序"的道路。

到此，我们可以比较信服地得出，为什么要把1978年以来的历史作为一种法治文明秩序建构的历史。之所以得此结论，就是因为自1978年起中国所进行的改革就是一场法权意义上的革命，中国社会所进行的秩序建构，本质上是一次全面的法权建构，在这一秩序建构中，法权居于中心地位。事实上,"经济关系本身也是由法权关系来维系的。"[1]社会秩序"是凭一种'法权'及法权所构成的人类社会行为规范所保证的"[2]。如果我们把经济关系比作飞机跑道的话,那么法权关系则是随时起飞的飞机,没有跑道,飞机断然不能起飞,但是飞机的飞行和降落也有自己的规律和特点。

(二)以法权为中心的秩序建构的内在理路

到目前为止,我们对"法权关系"所反映的是"意志关系"的理解,对这种意志关系所体现出的组织社会秩序、建立制约彼此的普遍法则的理解,都没有回答这样一个更为根本的问题,那就是在1978年以来中国社会所进行的秩序建构中,这一实现传统文明秩序向"一种法治文明秩序"的转变中,其真实历史是什么?因为无论是秩序建构还是法权建构,都不可能抽离其必然要安身立命的历史,而表现出一种不需机场支撑的自由飞翔,尽管就法权自身的属性而言,遵循的是"自由的逻辑"。一句话,1978年以来中国社会变革所进行的秩序建构的历史,只能由中国人自己书写,而中国人自己书写的手法,构成了真正的历史,以此体现中国特色,即便是像法权这一以自由体现其"意志关系"的概念,也只能在既定历史条件下续写其"概念史",这其实是指1978年以来中国社会所进行的秩序建构的内在理路问题。对此,笔者给出的答案是自1978年以来中国社会变革所进行的秩序建构,是"中国共产党主导的

---

[1] 赵明:《实践理性的政治立法——康德〈论永久和平〉的法哲学诠释》,法律出版社2009年版,序言(邓晓芒作),第4页。
[2] 赵明:《实践理性的政治立法——康德〈论永久和平〉的法哲学诠释》,法律出版社2009年版,序言(邓晓芒作),第2页。

以人民为中心的现实社会运动"的现实展现,在这一前提下,以法权为中心的秩序建构,是法权所遵循的"自由的逻辑"与中国现实相结合,在中国具体表达的问题,而这种表达构成了这种秩序建构的模式,通俗地讲,所谓以法权为中心的秩序建构模式,其实就是法权所遵循的"自由的逻辑"与中国国情的结合,这构成了其内在理路:

1. 以法权为中心所进行的秩序建构遵循"自由的基本逻辑"

法权的本质是自由,只不过这里的自由是遵守在人与人之间为了体现自由意志而形成的普遍规则意义上的自由,也正因为如此,法权才表现为"按照法则之下的自由原则来对待自己和别人"[1],为自己立法。立基于此,以法权为中心所进行的秩序建构只能在自由的轨道上运行,而不能偏离或脱离这一轨道,这就是应遵循"自由的基本逻辑"的本义。是否遵循了这一为法权所保有的"自由的基本由逻辑",是衡量这一秩序建构是否具有法权面目,是否真正以法权为中心的标尺。从根本上讲,1978年以来中国社会所进行的秩序建构,之所以取得秩序建构的效果,就是因为其切实是一种"以法权为中心"遵循"自由的基本逻辑"的建构。从农村到城市、从国有企业到民营企业、从行政领域的放管服改革到大力度推进机构改革,几乎在每一个领域的每一项改革,其实都是遵循这一"自由的基本逻辑"而展开的过程。"法治社会不是最大限度上限制人的自由来追求规则治理,而是如何使人的自由更具体、更现实,

---

[1] 康德:《实用人类学》,邓晓芒译,上海人民出版社2005年版,第261页。

法治社会的生成也就是人类不断获得自由的过程。"[1]以法权为中心所进行的秩序建构，表明中国法治发展本质上遵循的仍然是"自由的逻辑"，只不过在中国语境下的"自由的逻辑"，所追求的并不是西方个人主义方法论中的自由，而是一种在现实社会条件下，将每个人的自由与一切人的自由进行充分关联的自由。

2. 以法权为中心所进行的秩序建构以建构现代民族国家为旨归

人是要有家园的，在现代，现代民族国家就是人生活的家园。"中国历史上长期处于王朝国家形态，既无'民族'的概念，也没有塑造出西方用'民族'概念所指称的稳定社会群体。""民族"这一概念进入中国和进行现代民族国家的建构，都发生于1840年鸦片战争之后。准确地讲，是"梁启超把西方的'民族'概念引入中国并创造了'中华民族'概念以后，中国始有'民族'概念并开始了自己的民族构建。"[2]在秦汉以来两千多年的传统中国进行现代民族国家的建构，是一场深刻的革命，这样一场深刻的革命，是发生在整个中国的一场总体性文明变革，这一总体性文明变革包括这样三层含义：

第一，在中国建构现代民族国家，首先意味着国际法意义上的主权中国的建立。在中国建构现代民族国家，是在对中国与外部世界所形成的关系结构进行关系性审视的结果。之所以这样讲，是因为一方面，自秦汉实现"大一统"起，中国就是

---

[1] 杨昌宇、陈福胜：《法权人格的确立与中国法治社会的生成》，《学术交流》2005年第11期。

[2] 周平：《民族国家认同构建的逻辑》，《政治学研究》2017年第2期。

一个自成一体的王朝国家。作为一个王朝国家，在面对外部世界时，遵奉"普天之下，莫非王土，率土之滨，莫非王臣"的天下一家的思想，根本上就缺乏国家主权观念，清末当权者慈禧面对西方列强发出的"割地之事小，亡国之事大"的感叹，就是一个走向没落的王朝面对西方主权国家缺乏主权观念，朕即国家的内心自白。

另一方面，自西方列强以强力进入中国，就意味着实现由王朝国家向现代主权国家的转变已成为近代中国的命定。以1840年鸦片战争的爆发为标志，自秦汉以来沿袭两千多年并自成一体的王朝国家就面临瓦解的命运，中国开始进入一个经由与外部世界所形成的关系结构进行关系性审视的新的历史周期。问题在于，中国进入与外部世界所形成的关系结构进行关系性审视这一新的历史周期，并不是主动进入的，而是受西方列强的裹挟被动进入的。这种受西方列强的裹挟被动进入世界的境遇，意味着中国与外部世界所形成的关系结构中，中国处于不平等地位。中国与外部世界所形成的关系结构中所处的这种不平等地位，既体现在一系列不平等的条约关系中，也体现在一系列战争中；既体现在中国作为一个国家在国际关系的处境中，也体现在中国人在面对外国人的遭遇中，凡此等等。中国与外部世界的关系结构中所处的这种不平等地位，决定了建立一个真正意义上的主权中国，是近代中国首先面临的一个现实问题。只有建立起一个真正意义上的主权中国，才能彻底扭转自鸦片战争以来，面对外部世界的被动遭遇，在与外部世界所形成的关系结构中，以平等身份成为世界体系和世界结构中的一员，也因此，对于近代中国来说，建立主权中国的实质，就是中国面对与外部世界的关系结构中所处的不平等地位争得平等的问题。在建立主权中国的过程中，辛亥革命是历史起点，新中国的成立则标志着从根本上完成了建立主权中国的历史任务。

第二，在中国建构现代民族国家，还体现在作为一个民族的法律共同体的建立。建立主权中国的历史任务的完成，是以法权为中心所进行的秩序建构的必备条件，是现代民族国家建构的基本环节。梁启超言"国家者，人格也"。相对于国际法意义上主权中国的建构，在中国国家内部建构人格意义上的、具有主体指向的共同体，则是一项更显曲折的任务。我们知道，传统中国是一个以"自我为中心的家国天下连续体"或曰"家国天下共同体。"[1]这样一个起于西周、表达中国人人格特征、身份地位和存在方式的共同体，到了清末民初，面临着一场"大脱嵌"的革命[2]，这样一场"大脱嵌"革命既意味着共同体的解体，也意味着"自我"在失去共同体的支撑后走上了一条寻找新"家园"的漫漫长途。在这一长途中，经历过战争和社会动荡的煎熬，也经历过"阶级"甄别前提下的历史曲折，最终以1978年实行改革开放为标志，终于找到了自己的归宿和家园，这个归宿和家园就是"法律共同体"。

"近代中国是一个'国家'的重新发现，也是一个'国族'的重新发现。近代的国家与传统帝国不同，不仅需要理性的、有效率的政治制度，而且需要一个可以整合国家内部不同民族和族群、有着共享的文化和命运共同感的'国族'。这就是所

---

[1] 许倬云：《家国天下》，上海人民出版社2017年版，第2页。
[2] 许倬云：《家国天下》，上海人民出版社2017年版，第2页。

谓的中华民族。"[1]在这里,"法律共同体"构成了对"国族"、对"中华民族"的完整表达。之所以得此结论,其理由在于:其一,法律共同体意味着,"服从法律的人联合起来,也应当同时是立法者——是一切国家形式的基础。"[2]其二,通过法律共同体实现了与国际法意义上的主权中国的贯通,使得主权中国取得了对外平等性和对本民族权威性的内在统一。其三,因为"法律是一定疆域内的民众凝聚为一个国家,并形成其国家组织形态的最为强大的纽带。"[3]所以,法律共同体解决了民族信仰问题。

而法律共同体之所以具有这样三方面的功效,就在于法权的存在,经由法权可以使一个民族的行为方式和行动结构得到安顿。改革开放意味着建立起一种经济基础—法权—法律的动态的秩序建构模式,这样一种秩序建构模式,不但从学理上廓清了中国法的生成之道,而且建立起对马克思的经济基础与法律关系的理解图式,即经由法权这一中间概念,彻底打通了经济基础与法律之间的逻辑通道,从而既保持了经济基础对法律的决定性作用,又从根本上确立起法的独立性,使得法律因为有了法权这一介于法律和经济基础之间的中间概念的支撑,具备了自己的规范性基础。就对一个民族的人格塑造而言,法律共同体之所以能够实现对一个民族的法律人格的塑造,也是因为法律人格是以法权人格为基础的。基于以上判定,可以得出:

---

[1] 许倬云:《家国天下》,上海人民出版社2017年版,第2页。
[2] [德]康德:《康德历史哲学论文集》,李明辉译,联经出版事业公司2002年版,第170页。
[3] [奥]卡尔·门格尔:《法律的"有机的"起源》,《经济学方法论探究》,姚中秋译,新星出版社2007年版,第221页。

法律共同体是一个建立在经济基础上的、以法权为表征的、以法律体系为制度支撑的、通过法律信仰凝聚的、为整个民族所拥有的共同体。它既寄托于显性的法律体系以及与这种显性法律体系相呼应的行动结构中，也寄托于隐性的民族心理结构和精神世界中，体现为一个民族的精神，是对国格、族格和人格的一体化塑造。

第三，在中国建构现代民族国家，还体现为国家的全面建设。"自晚清以降，中华民族之所以'被人侮辱'，一个根本的原因在于现代工业文明的缺乏，在于现代经济和军事的落后；之所以'被人认为不文明'，主要的甚至是唯一的原因在于现代民族国家政治与法制精神的根本缺失。"[1]国家建设问题是一个自1840年鸦片战争以来近代中国需要致力解决的现实问题，中国所处的历史环境、所面临的历史任务决定了现代民族国家的建构不是通过一次仪式、一个历史片段能完成的，而是一个由它所处的历史环境和所面临的历史任务决定的历史过程。具体来讲，中国所进行的现代民族国家建构分为上、中、下三个篇章：上篇是生存意义上的民族国家建构，中篇是保障意义上的民族国家建构，下篇是发展意义上的民族国家建构，三者共同构成了中国民族国家建构的完整篇章。其中，辛亥革命属于上篇，新中国的成立为中篇，改革开放为下篇。上篇致力于主权中国建构的艰辛努力，中篇完成了主权中国建构的历史任务，而以实行改革开放的1978年为标志，进入了以法权为中

---

[1] 赵明：《实践理性的政治立法——康德〈论永久和平〉的法哲学诠释》，法律出版社2009年版，附录，《"和谐世界"政治理念与永久和平秩序的构建》，第287页。

心的国家全面建设阶段。

以法权为中心的国家全面建设，彻底摆脱了西方"线性史观"的影响和支配，是一场针对国家的革命，它意味着民族国家是一个动态流变的概念，必然获得中国语境赋予的意义，必须打破源于西方的"线性史观"的路径依赖，进行的是中国语境下的情境重构。

以法权为中心的国家全面建设，是一个法权得以展现、得以实现、得以丰富、得以完善的过程，大大拓展和重塑了康德意义上法权的范围。康德意义上的法权，本质上是纯粹自由主义的法权，这种法权建立在国家－社会的二分框架中。国家－社会的二分框架，在为我们洞见法权所本有的"自由"属性的同时，由于其所坚持的社会层面的自由主义立场和国家层面的公法保障立场，让我们看到的是抽取历史的同质性法权，这样一种法权，没有也无法在一个更为根本的层面，看到一个国家、一个民族直至于整个世界法权成长的真正历史。以法权为中心的国家全面建设，不仅发展是法权建构之本，而且把法与改革联合起来，形成一种法权建构与发展、改革的联动体系，使法权体现出自己真正的历史，是中国语境下现代民族国家建设丰富性的呈现，具有鲜明的中国特色。

以法权为中心的国家全面建设，由于法权基因的植入，表明自近代以来所开启的现代民族国家建构找到了根脉，循此根脉，现代民族国家建构的骨骼更为壮实，血肉更加丰满，一个整体的、丰富的现代中国得以呈现在我们面前，"富强、民主、文明、和谐、美丽"以及为法权所本有的"自由"，展现在我们面前的是一幅以法权为中心进行秩序建构的理想图景，从而从根本上超越了康德的法权想象。

3.以法权为中心所进行的秩序建构以坚持党的领导、人民当家作主和依法治国的有机统一为原则

在中国所进行的以法权为中心的秩序建构，是在国家主导下的秩序建构模式，这种国家主导下的秩序建构模式集中体现为以坚持党的领导、人民当家作主和依法治国有机统一为原则。在坚持党的领导、人民当家作主和依法治国有机统一的原则中，党的领导是中枢，人民当家作主是归宿，依法治国是主要载体。因为作为执政党的中国共产党所处的中枢地位，坚持党的领导能够确保法权建构始终坚持人民性的价值立场，法权成为涵盖从每一个人到一切人的人民的普惠的法权，这样的法权建构具有全局性、统筹性的特点和优势，是一种可以进行分配和管理的法权。

中国的改革没有陷入新自由主义陷阱的根本原因，并不是因为放弃了自由，恰恰是因为我们很好地落实了自由。党的领导、人民当家作主和依法治国有机统一的基本原则决定了以法权为中心的秩序建构是一种总体性建构，基于立法是人格的体现，实现了由结果导向型立法向过程导向型立法的转变，规定了法权建构的方向和尺度，把人民是立法主体的主张贯穿于每一个环节，充分彰显出法权人民性的特点。

党的领导、人民当家作主和依法治国的有机统一的原则以人民法权为本位，展现在我们面前的是作为执政党的中国共产党、作为执政对象的人民、以公民身份体现的基本空间的国家，经由法治这一载体所达致的统一，是一种党的领导、人民当家作主和依法治国的融通机制，是一种以法权为中心的双向

建构、混合建构、动态建构,形成的是中国特色的法权分形结构。以党的领导、人民当家作主和依法治国的有机统一原则的法权重在建构,随着党的领导、人民当家作主和依法治国的有机统一水平的提高,这种普惠普遍的法权、共享的法权一定会向更高的水平发展。

4. 以法权为中心所进行的秩序建构遵循体系化、机制化建构的逻辑理路

在康德看来,法权是一种自由主义法权,公共法权存在的唯一目的在于保障这种自由[1]。在我国,康德的这一逻辑发生了根本变化,与自由主义法权有着本质的不同,我国追求的不是不可把握的经济法则之上的永恒的法,而是共享的法权。康德所述意义上的法权,人们对法权的享有是个人利益最大化的现实浮现。在中国进行的以法权为中心的秩序建构,遵循体系化、机制化的建构逻辑,这种体系化、机制化建构逻辑体现在宏观和微观两个层面。

宏观层面,中国共产党领导的多党合作和政治协商制度这一具有中国特色的政党制度;以公有制为主体、多种所有制共同发展的基本经济制度;中央和地方的国家机构职权的划分,遵循在中央的统一领导下,充分发挥地方的主动性、积极性的原则;在处理政府与市场的关系上,使市场在资源配置中起决定性作用和更好地发挥政府的作用,这些体系化、机制化的宪制安排和生动实践是对"中华人民共和国"之"共和"表达的

---

[1]"为产生一个法权状态而需要公之于众的那些法律的总和,就叫作公共法权。"参见李秋零主编:《康德著作全集》第 6 卷,中国人民大学出版社 2007 年版,第 311 页。

现实浇灌，由此成就的是为中国共产党和中国人民所追求的共和特色。正是在这一具有共和特色的宪制安排中，蕴含着规划和落实法权的宏观格局。在此宏观格局中，没有西方式选举民主的失序场面，没有议会民主相互攻击、大打出手的失态举动，没有政府动辄关门停摆的任性恣意，没有无政治尺度的言论自由。有的只是体系化、机制化的对接协调和关联互动，在这种体系化、机制化的对接协调和关联互动中，法权按照"自由的逻辑"循序渐进、有条不紊地展开；有的只是有主次之分的联动议商、并付诸行动的现实场景。如果我们不是把法权等同于自由主义的法权，而是需要受到现实观照和限制的真实社会关系的呈现，需要有国家基本的保障，需要有执政党的总体驾驭，那么，我们就会洞见法权原来就在中国社会变革的历史呈现中，就在以"人民的名义"体现的体系化、机制化的逻辑中，就在真实的共和版图中。

西方自由主义和资本支配一切的语境，决定了法权的被动和虚伪的本质，这样的法权是丧失建设性的法权，相反，中国语境中的法权通过一系列成熟的体系化、机制化运作，把法权和一体推进法权建设的能力整合起来，把个体和群体内在统一起来，通过群体实现个体，通过个体表达群体，形成了一种个体与群体的交互转换和促进机制。显然这是一种依凭体系化、机制化运作的法权，是一种法权建设体系，在这种法权建设体系中，把每个人的法权与所有人的法权内在统一起来，形成一种永动的法条。事实上，改革开放以来，中国社会的进步体现为一种有活力有秩序的进步，就是因为：中国语境下的法权是一种遵循体系化、机制化逻辑的建设性法权。"在30多年来的改革开放进程中，从有计划商品经济到市场经济、从简政放权到'负面清单'，展现的是转变行政化、集中化的政府管理模式，不断放权给市场和社会，进而培育市场自主和社会自律的治理变革轨迹。"[1]这就是中国语境下建设性法权的真实历史面目。这样的语境决定了，与康德意义的法权相比，中国语境下法权的存在样式和表达方式有了根本改变，这其实是在国家与社会关系层面，展现出国家对以法权为中心所进行的秩序建构的总体驾驭力，对法权进行规划和分配的特征。

宏观层面的以法权为中心所进行的秩序建构遵循体系化、机制化逻辑还表现在诸多政策方面，如脱贫攻坚、西部大开发、中部崛起、东北振兴等都是具有标志性意义的体系化、机制化建构法权的政策。当然，由于我国尚处于社会主义初级阶段，这种建设性法权在层次上并不是很高，尚处于低度水平。遵循体系化、机制化逻辑的法权，呈现出的是国家宏观构架下的，全面建设法权的政治和社会生态，呈现出的是一条中国特色的法权建构之路。应当明确，这种遵循体系化、机制化逻辑的法权建设体系，不仅是政治影响和作用法权，而且是法权与政治的一种双向建构。"法权之于政治的基础性价值和意义，"[2]表现在改革开放以来，中国的宪制安排及其实践，也经过成功的法权塑造，这种成功的法权塑造，反映的是中国语境下法权与政治相互影响和作用的方式。

---

[1] 马长山：《法治中国建设的"共建共享"路径与策略》，《中国法学》2016年第6期。
[2] 赵明：《实践理性的政治立法——康德〈论永久和平〉的法哲学诠释》，法律出版社2009年版，第143页。

微观层面，这种体系化、机制化建构逻辑则体现在广泛的市场和社会系统中，诸如淘宝网规则、打车软件规则、短租平台规则对法权的构成性作用。通过这种构成性作用使得法权表现为一种网络化的、均衡化的、同时保有个人自主性的存在方式，碎片化的法权，经由体系化、机制化的作用而走向规范化和网络化，成为一张整体意义上的法权共享之网。

5. 以法权为中心所进行的秩序建构的目标愿景是"自由人的联合体"

马克思和恩格斯在《宣言》中描绘了未来社会的设想。指出："代替那存在着阶级和阶级对立的资产阶级旧社会的，将是这样一个联合体，在那里，每个人的自由发展是一切人的自由发展的条件。"[1]其中每个人的自由发展是从个体的角度讲的，一切人的自由发展是从整体的角度讲的，两者内在统一到一起，用一个概念来表达就是"自由人的联合体"。中国所进行的以法权为中心的秩序建构就是一个有序推进并最终实现"自由人的联合体"的过程。

将改革视为中国共产党人民性的根本体现，究其根本就是因为人民与作为执政党的中国共产党在经由改革实现"自由人的联合体"这一原点问题上取得了根本一致，这是执政党与人民共同意志的反映。而之所以说是共同意志的反映，就是因为作为人民的整体与作为执政党的中国共产党在反映和实现人民性上取得了高度一致，并且通过法权建构，把这种人民性最全面、最具体地体现到从每一个人到所有人的身上，也因此，改

---

[1]《马克思恩格斯文集》第 2 卷，人民出版社 2009 年版，第 53 页。

革是中国共产党人民性的根本体现这一判定成为实现"自由人联合体"的内在依据。

"自由人的联合体"是"由自由发展的人组成的社会"。以法权为中心的秩序建构把寻求发展与实现自由、寻求解放与实现自由有机统一起来,这种统一在发展中寻求解放和自由,在解放和自由中寻求发展,既重视对弱势群体的关注,又注重利益平衡和协调;既注重整体利益,又注重个体利益,把人的自由而又全面的发展建立在国家全面建设的基础上,因而具有可靠的保障;以法权为纽带,把法律发展与人的发展有机统一起来,找到了自由人联合体的建构之路,是逻辑与历史的统一;公民是法治社会人的存在方式的法律表达,"把人类善的素质人为地提高到其规定性的最终目的,它的最高程度就是公民状态。"[1]正因为以法权为纽带,法律才能作为一个符号系统,超越种种差异性,将国家、民族、社会、个人有效关联起来,实现法治国家、法治政府、法治社会的一体推进,从而呈现出中华民族通过法律共同体凝聚成一体的格局,这样的法律共同体构成了实现"自由人的联合体"的必经阶段。

"只有在共同体中,个人才能获得全面发展其才能的手段,也就是说,只有在共同体中才可能有个人自由"[2]。我们所处的时代决定了,"自由人的联合体"发展到现在已进入同处一个共同体的一种共享的自由。当今我们所处的"这个时代所呈现出来的高度复杂性和高度不确定性是我们必须赖以展开全部思

---

[1]《马克思恩格斯文集》第 1 卷,人民出版社 2009 年版,第 570 页。
[2] 康德:《实用人类学》,邓晓艺译,上海人民出版社 2005 年版,第 268 页。

想的现实基础"[1]。面对这样一个时代，"并不必然要从对人的界定出发去设计社会建构的方案，而是需要从人的既存事实出发去构想人的行动。在社会的高度复杂性和高度不确定性条件下，我们所遭遇的最大现实就是人的共生共在"[2]。由此决定了，个人独享的法权将走向公众共享的法权，稳固的法权将走向流变的法权，共享已成为中国特色社会主义的本质要求。

中国短短40余年改革开放的历史，从社会主要矛盾的转变已清晰地看到实现"自由人的联合体"的真实历史。中国所处的历史阶段、我们身处的这个世界所处的阶段、以法权为中心的秩序建构的成长规律，既为"自由人的联合体"的实现提供了动力和条件，又设置了种种限制，由此决定了实现"自由人的联合体"是一个汤因比意义上的长时间段的过程，相比于这一长时间段的终端所呈现出的理想图景，今天仍然处于初级阶段。

三、一种法治文明秩序的呈现

之所以以1978年的改革开放作为"一种法治文明秩序"生成的历史起点，是因为从这一历史时刻起，中国才真正地也是第一次进入一个"主体中国"与"法治中国"共进的时代。在这样一个时代，中国选择法与改革，其最为根本的意义在于，确立起一种经由"主体中国"与"法治中国"的历史联动，充分展现出"法与改革"联合结构内涵的逻辑与历史相统一的力量，正是依靠这一力量，推进中国进入塑造"一种法治

---

[1] 张康之：《为了人的共生共在》，人民出版社2016年版，第54页。
[2] 张康之：《为了人的共生共在》，人民出版社2016年版，第9页。

文明秩序"的时代。

（一）为什么要将实行改革开放的 1978 年确立为一种法治文明秩序的历史起点

历史并不是平铺直叙地向前发展，而是包含一些重要时间节点的发展，这些重要时间节点，往往构成了一个新的历史时期、一个新的时代的起点。我们常常用"新时期"来概括自 1978 年改革开放以来中国所处的历史，那么，这里的"新时期"对我们来说意味着什么？对于已成过往的和必将来临的历史意味着什么？

1. 充分的历史依据

身处一个在中国沿袭两千多年的王朝时代即将谢幕、一个新时代隐约出现的晚清重臣李鸿章，在当时发出"三千年未有之变局"的感叹。然而李鸿章当时的感叹，更多的是面对一个旧王朝即将谢幕发出的辛酸和感慨，而绝非面对一个新时代登场的喜悦。从 1840 年鸦片战争始，中国就走上了一条救亡图存之路，这是一条告别过往、迎接未来的艰难之旅。在这条道路上，这个千年帝国，经历了许许多多的重要事件，其中有的重要事件必将在历史上留下很深的印迹。然而，盘点过往、面向将来，1978 年实行的改革开放，其分量之沉重，足以成为一系列重要时间节点中的重中之重。这里所谓的重中之重，不止于从新中国成立到改革开放这一时间段，也不止于从 1840 年鸦片战争到改革开放这一时间段，而应定位于几千年来的中国文明史这一更为长远的时间段，体现的是一种大历史观的开阔视野。

2. 充分的法律和政策依据

宪法是国家的根本大法。宪法修正案（2018年）序言第十自然段中"在长期的革命和建设过程中"修改为"在长期的革命、建设、改革过程中"；而且把这一表述体现在其他内容中。"革命、建设、改革"的表述，说明改革是一个独立的历史阶段。接下来需要进一步思考的是，作为一个独立历史阶段的改革，究竟是一个怎样的历史阶段。习近平同志《在庆祝改革开放40周年大会上的讲话》中指出："党的十一届三中全会是在党和国家面临何去何从的重大历史关头召开的。""改革开放是我们党的一次伟大觉醒，正是这个伟大觉醒孕育了我们党从理论到实践的伟大创造。改革开放是中国人民和中华民族史上一次伟大革命，正是这个伟大革命推动了中国特色社会主义事业的伟大飞跃。"[1]在这段话中，"党和国家面临何去何从的重大历史关头"说明十一届三中全会具有结束过去、开辟未来的明确指向，这样的指向无疑是一个重大历史时刻的时间节点。

那么，这究竟是一个怎样的重大历史时刻的时间节点呢？还是这段话，"改革开放是中国人民和中华民族史上一次伟大革命"，这段话所要表达的是，改革开放是中国历史上的一个重大历史事件，从大历史观看，其时间跨度当贯穿于整个"中华民族史"，而"伟大革命"则是对改革开放历史地位的评价，这里的历史地位是指在"中华民族史"上的历史地位。党的十九大报告也指出："改革开放之初，我们党发出走自己的路、建设中国特色社会主义的伟大号召。从那时以来，我们党团结

---

[1] 习近平：《在庆祝改革开放40周年大会上的讲话》，《人民日报》2018年12月19日。

带领全国各族人民不懈奋斗，推动我国经济实力、科技实力、综合国力进入世界前列，推动我国国际地位实现前所未有的提升，党的面貌、国家的面貌发生了前所未有的变化，中华民族正以崭新姿态屹立于世界的东方。"

3. 充分的理论依据

《共产党宣言》1888年英文版序言指出："构成《宣言》核心的基本思想是属于马克思的。这个思想就是：每一历史时代主要的经济生产方式和交换方式以及必然由此产生的社会结构，是该时代政治的和精神的历史所赖以确立的基础，并且只有从这一基础出发，这一历史才能得到说明。"[1]我们之所以要从几千年来的中国文明史的维度审视自1978年以来中国社会所发生的变化，之所以要赋予1978年以来的中国社会变革如此重要的分量，马克思的这一重要论述提供了充分理论依据。

中国传统社会是一种自给自足的小农经济社会，或者说是一种农耕社会，这样的社会存续了几千年。这样的社会遭遇西方列强的破窗而入，其实是工业文明与农业文明的正面碰撞，这样的正面碰撞，隐含着旧秩序的瓦解和新秩序的建构这样两种指向。在这种新旧交替中，1949年之前的纷乱局面，很难让一种经济生产方式和交换方式有安身之处。新中国成立后，虽然在经济领域取得了重要成就，然而经济生产方式和交换方式一直采用"传统社会主义模式"。"传统社会主义模式"所具有的局限性决定了其难以使一种定型化的经济生产方式和交换方式成为历史的常态。

---

[1]《马克思恩格斯文集》第2卷，人民出版社2009年版，第14页。

1978年开始的改革开放是一场首先发生在经济领域的革命。经济建设是改革开放的始端，"以经济建设为中心"构成了社会主义初级阶段基本路线的主体内容，同时也因此成为贯穿改革开放始终的主体内容。至此，我们应该认识到，"以经济建设为中心"并不能当然地成为对改革开放这一"历史时代""经济生产方式和交换方式以及必然由此产生的社会结构"的概念表达，而且也正是因为不能成为这样的概念表达，改革开放尚不能进入一个"历史时代"，尽管无论如何如同任何历史事件一样，改革开放一定有自己的历史，但这种历史到目前为止还停留在事实层面，尚没有上升到逻辑层面。之所以这样讲，是因为"以经济建设为中心"是一种政策主张，作为一种政策主张在适用过程中可能会有多种途径和结局，如我们也可以把1958年至1960年掀起工农业生产高潮的"大跃进"概括为"以经济建设为中心"，但这样的"以经济建设为中心"因为违反了经济建设规律，造成的是适得其反的经济后果。那么怎样科学和完整地理解"以经济建设为中心"呢？答案是必须与改革结合起来。

从1978年开始的改革开放，之所以是一场首先发生在经济领域的革命，其原因就在于对经济体制的变革，这一变革的成果用"以公有制为基础、多种所有制共同发展的基本经济制度和社会主义市场经济体制"来表达，这样的表达是对"以经济建设为中心"在制度层面的具体化，同时，"以公有制为基础、多种所有制共同发展的基本经济制度和社会主义市场经济体制"也构成了对改革开放以来"主要的经济生产方式和交换方式"的完整概括。

总结自1978年以来中国社会的变革，可以得出：改革开放是一场发生在中华民族史上的伟大革命；经济生产方式和交换方式以及必然由此产生的社会结构的改变构成了这一伟大革命之所以为伟大革命的基础；然而，到此尚远没有结束，因为目前的理解还仅仅止于"基础"的层面，尚没有从"基础"出发。遵循"只有从这一基础出发，这一历史才能得到说明"的逻辑"出发"去"说明"改革开放"的历史，这一变革就进一步可以用"法权革命"来概括。具言之，1978年以来的中国社会变革是一场具有中国特色的深层次的以法权为中心的秩序建构。之所以说是一场以法权为中心的秩序建构，是因为作为经济生产方式和交换方式意志关系反映的法权关系，其实质是中国语境下的主体建构，这种主体建构本质上是"自由的逻辑"与中国共产党主导的"国家建构逻辑"和"社会建构逻辑"的一体同构，由此塑造了相应的社会结构，这种社会结构以秩序建构的方式达致，最终体现为一种法治文明秩序的生成。

（二）对几种秩序建构理论的局限性分析

面对中国社会所发生的变革，有论者从各种角度进行了理解和阐释，其中法治标准论、经验论、传统资源论、西方标准论较为典型。

法治标准论认为："在当下的历史关口，中国领导人是否选择法治、建设法治、依赖法治，将最终决定过去三十多年的繁荣与发展是否只是历史上的昙花一现，还是中华民族实现伟大复兴的真正前奏曲。"[1]在这里法律显然仅仅是由国家立

---

[1] 季卫东：《通往法治的道路：社会的多元化与权威体系》，法律出版社2014年版，《法制兴，则中国兴——"法治中国"丛书》，总序，第2页。

法、行政和司法机关颁布的成文法、规章和决议构成的"技术组合"。

经验论认为:"1980年以来的中国经济体制改革却是以个人承包责任制为特征的,尚未摆脱传统的经济秩序的窠臼。首先当然要肯定,承包责任制打破了指令性计划经济的'条条专政',激发了基层的活力,在农村和企业都取得了显著的成效。同时也要看到,一个'包'字遮盖了事物的发展过程,只问结果、不计手段和方式,并不具备制度建设的优势。"[1]

西方标准论认为:"在社会转型期,最重要的政治议题就是如何重建共识。今天之所以要重申程序的意义,就是要首先形成程序性共识,然后再通过共同承认的程序就核心价值问题达成新的实质性共识。"[2]"全球化以及相应的不确定性把中国内部阶段性发展的进程打乱了。……如何对相异的构成因素进行整合的问题因而显得非常严峻。这等于一国的经济结构在不同层面都与全球相连,这等于把欧洲五百年的进程浓缩到五十年里重演,把三种完全不同的秩序类型镶嵌到一个体系里重组。在这样的背景下,为政者需要同时解决三个不同历史阶段的制度问题:完成现代民族国家体制的建构(现代性)、参与全球治理(后现代性)以及妥善处理地方层面的共同体和人际关系网络以及文化差异(前现代性)。"[3]

传统资源论认为:"过去三十年来,由于权力控制力度放

---

[1] 季卫东:《法治秩序的建构》,中国政法大学出版社1999年版,第6—7页。
[2] 季卫东:《通往法治的道路:社会的多元化与权威体系》,法律出版社2014年版,第81页。
[3] 季卫东:《通往法治的道路:社会的多元化与权威体系》,法律出版社2014年版,第81页。

松,大陆各地、各领域皆出现了传统之复兴,儒家之复兴,尽管程度不同。整体上,大陆经济之繁荣,在很大程度上来自儒家价值及其制度的恢复:私人产权制度、私人企业、契约意识都是传统的制度,儒家对此也都持支持态度。"[1]主张"超越西方民主回归儒家本源"[2]。

  法治标准论、经验论、中国传统资源论、西方标准论所依赖的都是一些现成的资源,所谓思考,只不过是把这些现成的资源直接或略加改造后赋予中国社会,因此,都是对中国社会变革的一种外在思考。具体来讲:法治标准论把法律看作一整套现成的东西,首先确立一套现成的法治标准,对一个国家或民族进行法治与非法治的区分,并且运用这套标准来衡量中国社会,然后把中国社会纳入非法治的社会。经验论把对中国问题的思考满足于能够直接俘获的层面,从而在相当程度上忽略了为这一直接俘获的层面所掩盖的更为根本的东西,如此,"国家变成了没有政治主体意识的程序性法律机器,市民社会也成了没有公民政治意识的市场或村庄。"[3]"依法治国"也因此成了失去家园、无"治"无"国"的法律裸奔。中国传统论资源论思考的资源主要来自中国传统,认为中国模式必然是中国传统的延伸,努力将中国社会变革纳入传统范畴。西方标准论把西方现成的资源作为分析中国问题的依据,然后,依赖这些资源对中国进行分析评判,进而得出符合西方标准的结论或

---

[1] 秋风:《儒家式现代秩序》,广西师范大学出版社2013年版,绪论,第2页。
[2] 蒋庆:《政治儒学:当代儒家的转向、特质与发展》,福建教育出版社2014年版,第191页。
[3] 强世功:《法制与治理》,中国政法大学出版社2003年版,自序,第4页。

答案。

从法治标准论、经验论、传统资源论、西方标准论的种种主张可以看出，这些思考似乎都是建立在对中国现实问题关心的基础上，然而，透过这一表象，我们会发现，这些思考所依赖的资源、他们的观点和主张、给出的结论和答案，实是依赖现成资源的结果。正是受这种现成资源的支配，他们认为，中国社会发生变革的过程，就是一个迎合这些现成资源的结果。正是受这种现成资源的支配，事实上他们对中国进行了"西方与非西方""传统与现代""是与非"的简单划分，然后根据这种划分方法和现有模式，对中国问题进行思考。这种思考的过程，就是把这些现成资源赋予中国社会的过程。应当指出的是，受这种现成资源支配的思考，因为受关心中国问题的立场的遮蔽，所以，他们并没有意识到自己的思考是直接或间接依赖这种现成资源，这反映出其思考的特殊性。

这里所谓的隐蔽，是指法治标准论、经验论、中国传统资源论、西方标准论的种种思考，早已跳出了包括清末民初一段时间内的那种基于"古今中西"的比较对照中立见高下的思考方式，而是采取了一种更为"曲折"和"隐晦"的学术标签化进路，如赋予中国社会"转型期""把欧洲五百年的进程浓缩到五十年里重演""超越西方民主回归儒家本源"，认为中国的经济体制改革"尚未摆脱传统的经济秩序的窠臼"，凡此等等，都是这种"曲折"和"隐晦"的学术标签化进路的体现。如中国传统资源论虽然在相当程度上是通过赋予中国传统资源以现代元素的途径来理解中国社会所发生的变革，但是，在这种操作流程的背后，让我们看到这一思考实际上是建立在传统必然具有连续性，变革中国是"传统的连续的中国"这一前提上。

正是因为受这种"曲折"和"隐晦"的学术标签化进路的遮蔽，"自清末至今天延续一百多年的中国"，因为其传统的连续性而成为"一个前后完全一致的中国"，而不是"历史中国"，由此导致的一个后果是，我们因此在事实上丧失了对"自清末至今天延续一百多年的中国"进行区分，并在这种区分的基础上，对某一时段的"具体中国""现实中国"进行切实思考，以凸显其特殊性的努力。进一步讲，对于"传统的连续的中国"这样一个判定，在执着于传统资源的同时，事实上失去了与"开放中国"相互参照的必要，因为一个开放的中国需要在相当程度上乃是在与外部世界的关联中体现自己的。

法治标准论、经验论、传统资源论、西方标准论尽管所依赖的现成资源各不相同，依赖这些现成资源得出的结论和答案也存在很大的差异甚至冲突，但是它们的共同之处在于：由于没有深入中国社会变革的内部，因此无法洞见中国社会发生的包括法治在内的种种巨大变化，这在相当程度上也反映出所依赖的现成资源以及对这些资源的运用与中国社会的不相称性；无论是东西媒介，还是贯通古今，依赖这些现成资源所进行的思考，是一种介于在中国问题和现成资源之间的相似性理解，而这种相似性，实质上是一种隔山打牛的不相称的甚至是不相关的相似性，是在对中国问题进行一种同质化处理。由此导致的一个后果是，把诸多不同的、矛盾的、特殊的历史组合在一起，没有也无法洞见改革开放以来中国社会的变迁发展，是秦汉以来中国历史的一次创造性飞跃这一事实。

（三）一种法治文明秩序的真实呈现

1978年开始的改革，是一种新文明秩序的历史开启，迄今，这种法治文明秩序虽然还处于生成过程中，但这种法治文明秩序所呈现出的比较清晰的轮廓，在生成中内涵的生成之道，已经表明，一种法治文明秩序内涵的法治之理和秩序之理。

1. 一种法治文明秩序是对变革中国社会变革秩序进路的完整表达

马克思认为，任何法律制度都具有深刻的社会经济根源。社会是以法律为基础那是法学家的幻想。"相反，法律应该以社会为基础。法律应该是社会共同的、由一定物质生产方式所产生的利益和需要的表现，而不是单个个人的恣意横行。"[1] "法的关系正像国家的形式一样，既不能从它们本身来理解，也不能从所谓人类精神的一般发展来理解，相反，它们根源于物质的生活关系。"[2] 马克思的这两段论述，为我们正确理解"一种法治文明秩序"是对中国社会变革秩序进路的根本表达提供了科学依据。

目前，在对马克思这两段论述的理解中，存在着截然对立而又本质上一致的两种倾向：一种是受经济决定论的影响，对中国法学、法律和法治轻视的倾向，这种倾向把中国改革开放以来所取得的变化归结于经济原因，面对中国社会变革，中国"法"实际上处于一种外在于中国社会的悬置状态；另一种是

---

[1]《马克思恩格斯全集》第6卷，人民出版社1961年版，第289页。
[2] 张文喜：《重新发现唯物史观中的法与正义》，《中国社会科学》2017年第6期。

把法律看成一种技术、概念、规则、原则的组合，由此从另一个层面导致中国社会变革与中国"法"实质上的无关性。之所以有这两种倾向，其共同原因是，没有正确理解法律社会及法与"物质的生活关系"的关系，这其实是对复杂中国进行格式化、公式化处理的结果，由此导致对中国社会变革丰富性和复杂性的忽视。

唯物史观"是一种把社会发展作为活的整体来理解和把握的理论""是一种把社会革命作为活的整体来把握和实践的理论"[1]。但是，一些人对马克思论断的理解，由于采取了放逐法律、抛弃法律的方式，没有对"法"与社会、法与"物质的生活关系"进行内在关联。这看似从唯物观出发，实际上是走向了唯物主义的反面，陷入机械唯物主义的泥潭。

由于受经济决定论的教条化信仰的影响和支配，丧失了对中国社会现实关切和内在审视的可能，而以观望的态度，看待变革中国社会。于是，"法"与"改革"这两个推动中国社会变革的根本性因素，竟然处于一种相互割裂的状态。当代中国的法律史一定不是一部由立法与司法所形成的历史，而是一部置身中国社会变革中的法的成长史，这样一部历史是法发挥自身作用和法受其他因素影响的历史。在这一历史中，我们在承认经济关系对法的决定作用的同时，必须确立法律自己的历史，因为只有中国"法"真正建构起自身的逻辑，一种法治文明秩序才能切实呈现。

"经济决定论的教条化信仰作为一种意识形态，成了克服

---

[1] [德]柯尔施:《马克思主义和哲学》，王南湜等译，重庆出版社1989年版，第22—23页。

资本主义向社会主义转变的意识形态障碍。"[1]怎样遵循马克思关于法律与社会、法律与物质的生活关系的逻辑,形成关于中国社会变革的马克思之思,既为正确理解马克思的重要论述所必需,更为理解法与中国社会变革的关系所必需。笔者以为,中国"法""具有深刻的社会经济根源""应该以社会为基础""根源于物质的生活关系",在此,怎样正确理解"具有深刻的社会经济根源""应该以社会为基础""根源于物质的生活关系"无疑是全面准确理解马克思这一思想的第一步。由此,正确理解"社会经济""社会""物质的生活关系"则自然又成了第一步中的第一步。

在此,还是有必要结合前文马克思的一段话,即"每一历史时代主要的经济生产方式和交换方式以及必然由此产生的社会结构,是该时代政治的和精神的历史所赖以确立的基础,并且只有从这一基础出发,这一历史才能得到说明"。之所以引用这段话,是因为这段话更清晰地表达了"社会经济""社会""物质的生活关系"的含义,即"主要的经济生产方式和交换方式以及必然由此产生的社会结构"是对"社会经济""社会""物质的生活关系"的准确表达。之所以这样讲,是因为"主要的经济生产方式和交换方式以及必然由此产生的社会结构"本身就内含着法得以产生的最为基本的元素,那就是法权,概言之,法权是隐含在"主要的经济生产方式和交换方式以及必然由此产生的社会结构"中,因为法权关系是反映经济关系的意志关系。至此,沿着经济关系—法权关系—法律

---

[1] 张文喜:《重新发现唯物史观中的法与正义》,《中国社会科学》2017年第6期。

关系，就自然建立起理解马克思这一重要思想的索解思路。在此，需要强调的是，无论是经济关系、法权关系，还是法律关系，都不是静止的、割裂的，而是一个动态的、有机统一的整体。

2.一种法治文明秩序是对"法与改革"联合结构秩序本相的完整表达

"法与改革"联合结构由于把法权植入这一变通之体，因此，赋予法权广阔的成长空间。透过这一广阔的成长空间，得以发现，1978年以来的中国社会变革，远远突破了康德文本的设定，体现出具有历史主动精神的"中国共产党主导的以人民为主体的现实社会运动"这一变革中国社会的全新文明范式的现实面相，即在变革中国语境下的以法权为中心的秩序建构中的法权，是由中国共产党的主导性和中国人民的主体性共同促成的、体现人与人社会关系的本质、建设性的法权，这样的法权是在调节性、构成性中获得自身的，从而在个体与群体之间、国家与社会之间、法与立法之间架起永动的发条，呈现出中国语境下一种法治文明秩序的建构理路。

"在法理学领域中，法权是其核心问题。"[1]"法权不是抽象的原则，而是现实的、有生命的个人的存在与可能的物质条件。"[2]法权的客观存在并不等于法权人格的建立，法律规范的存在对法权人格的建立具有重要意义。中国法治社会建立的特

---

[1] 詹世友：《康德政治哲学视域中的法治思想》，《华中科技大学学报（社会科学版）》2016年第1期。
[2] 张文喜：《重新发现唯物史观中的法与正义》，《中国社会科学》2017年第6期。

点和规律就在于法权与法律的和谐统一，遵循法权、法律、法律人格、社会秩序建构的内在理路，本质上是一种法治文明秩序的建构，其内在理据也在于此。这其实要表达的是"法与改革"联合结构这一"变通之体"的本体性力量。

综合以上所述，笔者所说的"一种法治文明秩序"是建立在中国社会变革的基础上，反映中国社会变革之"基础"的丰富性和从这一"基础"出发的丰富性，以法权为中心而建构的一种新文明秩序的集中概括，是对1978年以来中国所进行的社会秩序变革呈现出的一种新文明秩序的概括。

第三节 "法与改革"联合结构：一种永久和平秩序的奠基方式

"法与改革"联合结构这一概念，把变革社会之变与法的安定性、秩序性的要求统合起来，因此，最集中地反映了变革世界和法的世界的本质。改革开放以来，中国社会一直处于一种变革社会，同时变革的中国社会整体上又始终呈现出一种秩序上的稳定性和连续性，这实是一种和平秩序的中国表达。出现这样的局面，绝不是偶然的，最根本的原因就在于中国社会变革本质上是一种由"法"与"改革"联结而成的"法与改革"联合结构塑造的和平秩序的塑造。这样一种和平秩序，因为"法与改革"联合结构本体性力量的支撑，其命运和前景必然不是短暂和阶段性的，而是面向开放世界、面向未来人类的永久和平秩序。

一、永久和平概念

(一) 永久和平概念的渊源

"永久和平的理念首先孕育在基督教共和观念之中,至少可以追溯到奥古斯丁的'上帝之城',只不过奥古斯丁断定在肉身栖息的'世俗之城'是无望于永久和平的。关联于我们的世俗生活而正式提出'永久和平'理念及其相关政制构想的是法国的圣·皮埃尔神甫,他写了一本名为《永久和平方案》(1713年)的书,首次提出了'永久和平'的概念。他说,只有当所有国家都凭'理性',而不是凭'冲动'相互对峙时,才有可能达致永恒而普遍的和平状态。而实现这种理想的具体方案,就是建立欧洲的'邦联政府',所有参加邦联的欧洲国家,无论大小强弱,都服从这个邦联政府的法律。卢梭后来写有关于这个文本的摘要——《圣·皮埃尔神甫的永久和平方案摘要》(1761年)。并写作了《通过建立欧洲联盟实现永久和平》。卢梭认为,在自然状态中,'人的自然本是善于和平的':和平无须依赖君主们的善心和他们维护自己名誉的愿望,相反,只要君主们认识到,一项实现国际和平的方案能够满足自己的利益。"[1]

(二) 康德对永久和平概念的阐释

1. 康德从消极意义和积极意义两个层面对永久和平概念进行阐释

第一个层面是消极意义。康德通过"与传统的政治哲学

---

[1] 赵明:《实践理性的政治立法——康德〈论永久和平〉的法哲学诠释》,法律出版社2009年版,第53页。

思考进路的区别。譬如，格劳秀斯等人常常是通过对战争的讨论来界定'和平'问题的，也就是说，和平是战争的结果，虽然可以说战争是为了和平，但战争乃是和平的前提和条件；康德似乎将讨论的重点仍然放在战争之上，不过，他不再讨论战争的必然性和不可消除的根源，由此表明了自己与格老劳斯等人的根本分歧；康德取消了所谓的'战争法权'，而探究的是战争止息和消除如何能够的问题，这实际上是间接地讨论所谓'和平'的主题，如果战争的永久消除是可能的话，永久和平就是可能的。换言之，'永久和平'就是战争止息的状态，这是消极意义上的'永久和平'论"[1]。

第二个层面是积极意义。这在康德看来更为根本，"积极意义上的'永久和平'论，也就是不依赖于战争的和平论。和平成为讨论、评价战争的依据和标准，战争就是对和平状态的破坏，战争从根本上说是没有什么'法权'的。"[2]

2. 康德的"永久和平"思想以法权为基础

康德对"永久和平"没有专门的定义，他反而认为，"和平表示一种敌对行为之终结，而将'永久的'这个修饰语加诸其上，是一种大可怀疑的堆砌。"[3]

深入康德思索永久和平的内在理路会发现，康德之所以觉得在"和平"前面，加上"永久的"，是因为在他看来，和

---

[1] 赵明：《实践理性的政治立法——康德〈论永久和平〉的法哲学诠释》，法律出版社2009年版，第55页。
[2] 赵明：《实践理性的政治立法——康德〈论永久和平〉的法哲学诠释》，法律出版社2009年版，第55页。
[3] [德]康德：《康德历史哲学论文集》，李明辉译，联经出版事业公司2002年版，第170页。

平本无永久和临时之分,永久是和平的本来面目。康德之所以得此结论,是因为在他看来,永久和平之所以成为可能,是因为有法权为基础,法权是永久和平的基石。正因为以法权为基础,康德并不是在经验层面上看待永久和平,他认为"和平状态必须被建立;因为放弃敌对行为仍不足以保证和平状态,而且若非一个邻居由他人得到保证(但这只有在一种法律状态中才能发生),这个邻居仍可能将他人(这个邻居曾要求此人提出保证)当成一个敌人来看待"[1]。

康德永久和平概念下的法权主要包括这样两点:一是法权属性在世界范围内的延展,表现为世界公民法权;二是法权在国际法领域的适用。"永久和平的建构关键在于政制的安排,政制既是战争的发动机,也是和平得以可能的关键,而政制的安排本来是可以不以战争作为背景的,国内政治的根据在公民法权的至上性,国际和平秩序的关键则在于独立的主权国家的自由联盟,而这种自由联盟的最终依据在于地球上的世界公民权,空间问题成为和平问题讨论的自然前提。这就是说,'永久和平'是一种有着自然前提和道德根据的状态,它是被建立起来的,是实践理性的自由立法和建构,这其中是排除了战争因素的。其可能性的检测是通过绝对命令程序——逻辑检测来实现的。所谓'永久和平'是从概念检测的无矛盾性角度而言的;'永久'之所以不是'一种大可怀疑的堆砌',其根本理由就在于排除'战争'在界定'和平'时的逻辑地位和意义。在此基础上可以说,康德在《论永久和平》中从自由的实践理性

---

[1] [德]康德:《康德历史哲学论文集》,李明辉译,联经出版事业公司2002年版,第178页。

原则出发提出的永久和平的政制观念，以及共和国家的自由联盟的政治架构，是一种纯粹的哲学论证和建构"[1]。

二、"法与改革"联合结构：永久和平的秩序空间

（一）"法与改革"联合结构是一个面向开放世界的结构

"法与改革"联合结构虽然是对1978年以来中国社会变革的概念浓缩，但是，这一概念同时也是一个始终面向现实世界的开放性结构，作为一个开放性结构，既具有很强的解释实践的能力，又能通过现实社会运动赋予其新的意义空间。因此，"法与改革"联合结构作为一个来自现实社会、始终面对现实社会和面向开放世界的"变通之体"，具有面对变革世界展示其概念魅力的广阔空间。

具体来讲，就"法与改革"联合结构中的"改革"因素而言，作为一个开放性结构，"法与改革"联合结构中的"改革"所指向的改革本质上仍然是法权建构的改革。这一指向既适用于中国的改革，也适用于世界。康德之所以将永久和平秩序奠基于法权，是因为在他看来，法权并不是一种经验的存在，而是人之所以为人的一种命定。康德对法权的这种止于形而上的理解，犹如他确立与战争无关的永久和平秩序一样，为我们体认到法权之于人或人类的本体性，提供了先验依据。然而，回到现实生活中，我们则必须正视法权在不同语境中的不同命运和遭遇，如在奴隶社会、封建社会、资本主义社会、社会主义

---

[1] 赵明：《实践理性的政治立法——康德〈论永久和平〉的法哲学诠释》，法律出版社2009年版，第55—56页。

社会，直至未来的共产主义社会，人与人的法权关系可谓大相径庭，法权的真伪、高下和整个社会的法权水平也是大相径庭。因此，法权的确也是一种经验的存在，而且，从根本上讲，经验层面的法权才是看得见的、有意义的。

"法与改革"联合结构之所以作为一个概念能够成立，就是因为根植于实践，把改革的本质确立为一种法权的全面建构。这一结论既适用于1978年以来的中国社会，也适用于变革世界。之所以这样讲，是因为在一个封闭的世界中，主体是一种孤立化的主体，而不是普遍关系化的主体。这样的主体没有普遍化建构的现实空间，也因此，法权没有多少存在的空间。资本主义社会之所以是一个法权普遍化的社会，就在于资本逐利的本性驱使资本形成资本的社会、资本的世界，法权也因此在资本的社会、资本的世界获得了自己的世界。虽然在资本的社会、资本的世界中，法权的世界具有非常虚伪的一面，然而相比于没有这样的世界，这是人类走向文明的一大步。因为在资本的社会、资本的世界中，法权关系作为一种反映经济关系的意志关系，其意志关系毕竟是客观存在的。

无论是变革中国还是变革世界，都必然是一个开放世界，开放世界的本质就是人的主体活动的开放性；因此，在开放世界中都内含人的主体性建构这一指向，而这种主体性建构，是一种普遍性建构，既然是普遍性建构，那就必然内含法权的本质，因为只有具备法权的本质，主体的行动才能成为现实，而这种现实并非指个体化的主体行动的现实，而一定是受普遍规则意义约束的现实。

就"法与改革"联合结构中的"法"的因素而言，"法与改革"联合结构中的"法"首先指的就是一种法权状态，也因此，这一层面可以说是"法"与"改革"的共相；然而，在"法"的疆域中，法权仅仅是法成为法的规范性基础，从这一规范性基础出发，法最终成长为国家法，因此，国家法是对法权的反映。然而国家法对法权的反映，仅仅适用于现代民族国家。立基于现代民族国家的法律，其主要包括国内法和国际法，而国际法是处理国与国关系的法律。在开放世界中，由于法权的语境发生了重大转变，反映法权的原本以国家法和国际法表达的法律也必然发生重大转变。

就法权而言，如上文所言，在开放世界中，主体的普遍性建构其普遍化程度已远远跨越国界，表现出一种面对整个开放世界的对流关系，而随着开放世界开放程度的彻底化，这种主体的普遍性建构，更是表现为一种全域建构，基于此，法权也就大大突破了国家层面的限定，而成为开放世界中的法权，法权关系也成为开放世界的法权关系。由于法律首先是对法权的反映，既然法权已是开放世界的法权，那么法律也必然突破民族国家的疆域和边界，而进入开放世界的语境中，而在开放世界中，法律将必然在新的语境中，以新的姿态呈现。

在开放世界中，"法与改革"联合结构作为由"法"与"改革"联结而成的"变通之体"，之所以作为一个概念仍然能够成立，是因为除了因为法权的纽带作用，"法"与"改革"具有共相的一面外，"法"与"改革"还有"异相"的一面。这种"异相"的一面，是指"法"与"改革"除了因为"法权"具有"重叠"的区域，还保持有各自的独立性，具有自己独立的功效，而正是这种独立性和独立的功效，使得两者对对方具有相互纠偏的功能，这种相互纠偏的功能使得作为法权的法与改革处于一种流变的状态，在开放世界中，这种流变的状态并不是一种临时或即时的状态，而是一种常态，正是处于流变状态的这种相互纠偏，使得"法与改革"联合结构作为一个概念成为一个"变通之体"。

（二）开放世界为永久和平秩序提供了广阔的秩序空间

"法与改革"联合结构内含的秩序建构维度内包括民族国家和世界秩序两个层面。无论是民族国家层面还是世界秩序层面，都有一个共同的指向，那就是开放世界。这是因为，唯有在开放世界中，无论是民族国家还是世界秩序，这种秩序建构才具有永久和平的秩序空间。

就民族国家而言，现代民族国家本身就是开放世界的产物。如果没有外部世界的进入，中国进行以法权为中心的现代民族国家的建构，根本就无从谈起。然而在外部世界以强制的方式达到的开放，是一种丧失主权或主权不保的开放，这样的开放，是一种建立在强者针对弱者的压制性开放。在这样的开放条件下，由于国家没有或缺乏自治能力，因此，生活在这样的国家的人民，其生存状态，在很大程度上处于一种殖民半殖民状态。这个国家的人民，虽然在地理意义上属于自己的国家，但是在法律意义上则没有自己的所属。[1]

基于此，建立主权国家就成为以法权为中心进行现代民族国家的首要前提。然而主权国家的建立，并不等于以法权为

---

[1] [美]络德睦：《法律东方主义》，魏磊杰译，中国政法大学出版社2016年版，第8—11页。

中心的秩序建构的完成。这里所言的主权国家的建构只解决了国际法意义上的国家的自主性问题。而要在国家层面进行以法权为中心的秩序建构，还必须使这个国家内部成为一个开放世界。如前文所言，1978年之前的中国，其主要经济的生产方式和交换方式及其交换的普遍化程度，由于受计划经济体制的局限，还比较低，人与人的关系还处于一种受单位、地域、身份、职业等严重限制的状态；因此，人与人的关系还在相当程度上处于一种"人的依赖性"水平，在这样的语境中，实现主体意义上的普遍性的法权建构是不可能的。

以1978年实行改革开放为标志，中国日益进入开放世界的结构中。中国的改革开放是由"改革"与"开放"组成的统一体，正是这样一个统一体，一方面使中国自身日益成为一个开放世界；另一方面，中国自身又成为开放世界的重要组成部分。所谓中国自身日益成为一个开放世界，是指中国内部日益成为一个开放世界。1978年开始在中国进行的以法权为中心的秩序建构之所以成为可能，就是因为中国内部日益成为一个开放世界，在这个开放世界中，基于普遍规则意义上的法权建构才有可能，由此，以法权为中心的秩序建构也才有可能。所谓中国自身成为开放世界的重要组成部分，是指中国通过改革开放，已成为整个开放世界的一部分，而正是因为中国成为开放世界的一部分，世界秩序的建构才成为包含中国的建构。

就整个世界而言，马克思恩格斯面对资本主义工业发展给世界政治经济局势带来的影响，在《德意志意识形态》中指出："它（工业）首次开创了世界历史，因为它使每个文明国家及这些国家的每一个人的需要的满足都依附于整个世界，因为它消灭了各国以往自然形成的闭关自守的状态。"[1]到今天，随着世界范围内主要经济领域的生产方式和交换方式的普遍化，全球一体化和世界性的社会交往关系得到塑造，使得人类作为一个整体的存在成为现实。这种世界历史，随着全球化时代、信息时代的叠加，越来越进入一种世界社会，这是一种为人类普遍共享的崭新的社会形态。

这样的社会形态，一方面，实体意义上的人的交往互动早已突破了民族国家的界限，而表现为一种世界范围内的普遍交往；另一方面，随着信息化时代的来临，人的交往从根本上突破以实体空间为尺度的局限，而表现为一种虚拟空间的交往，人与人交往的虚拟空间已成为一个新的开放世界。这两个开放世界的出现，使得全球化逐渐由建立在民族国家基础上的空间全球化向人的行为的全球化迈进。回溯人类以往的历史，人类所面临的开放性、高度不确定性、高度复杂性和信息的互通性，使得人类第一次比较彻底地站在真正拥抱全球文明的历史起点上，并以形成真正的全球文明秩序而获得自身的不同以往的存在样式。

面对开放世界，"中国的世界"和"世界的中国"日益呈现出一种良性互动的格局，在此良性互动格局中，中国与世界的关系日益紧密，因此，中国所进行的以法权为中心的秩序建构，日益具有了世界秩序建构的成分和因素，这意味着中国逐渐由主权中国向主体中国转变，这是自1840年鸦片战争以来中国与世界关系的一次质的飞跃。

---

[1]《马克思恩格斯文集》第1卷，人民出版社2009年版，第566页。

面对开放世界，永久和平秩序获得了自己的秩序空间。在开放世界中，法权仍然是秩序建构的基础；但是地理意义上的人的"脱域化"导致法权的"脱域化"，法权日益表现为一种体系化、机制化、网络化的存在方式。与此同时，越是走向开放世界，实体空间和虚拟空间越是表现为地方性，只不过这里的地方性已迥异于过去封闭世界中的地方性，而是表现为开放世界网络结构中不断流变的一个个节点，也因此，康德意义上的国际联盟不复存在，法权日益成为共享分享的法权，越来越获得世界意义，这为和平以真正"永久"的姿态进入人类世界提供了新的生命力，人的自由而又全面的发展也大大突破民族国家层面而获得世界意义。如果不是处于一种法治状态之中，和平状态就根本不可能。因为，"所谓法律（治）状态中的'法律'既不是某个强者所颁布，也并非全部弱者的联合对抗，而应该是人类共同意志的体现"[1]。人类进入一个共建共享的时代，意味着永久和平秩序的奠基有了现实基础。霍布斯曾说"人民的安全是最高的法律"，在开放世界，人民是和平的保卫者。"获得和平与和谐体现着政治生活的最高价值；和平与安全是民众生活的主要目标和最大的利益所在。"[2]开放世界，意味着在整个人类范围构建起基于法权的制度体系，在立基于这一制度体系上建立起永久和平秩序，是完全可能的。

---

[1] 赵明：《实践理性的政治立法——康德〈论永久和平〉的法哲学诠释》，法律出版社2009年版，第241页。
[2] 赵明：《实践理性的政治立法——康德〈论永久和平〉的法哲学诠释》，法律出版社2009年版，第88—89页。

三、人类命运共同体：永久和平秩序的中国表达

（一）人类命运共同体的提出

"命运共同体"概念首度出现在 2011 年 9 月发布的《中国和平发展》白皮书上，书中提到："要以命运共同体的新视角，以同舟共济、合作共赢的新理念，寻求多元文明交流互鉴的新局面，寻求人类共同利益和共同价值的新内涵，寻求各国合作应对多样化挑战和实现包容性发展的新道路。"[1]党的十八大报告中明确提到"人类命运共同体"，指出："合作共赢，就是要倡导人类命运共同体意识，同舟共济、权责共担，建立更加平等均衡的新型全球发展伙伴关系。"[2]

在 2013 年 10 月召开的周边外交工作座谈会上，习近平主席强调："把中国梦同周边各国人民过上美好生活的愿望、同地区发展前景对接起来，让命运共同体意识在周边国家落地生根。"[3]在 2014 年 11 月召开第二次中央外事工作会议上，习近平主席就如何在新形势、新环境下不断拓展和深化对外战略布局提出了七点要求，其中位居首位的便是"切实抓好周边外交工作，打造周边命运共同体，深化同周边国家的互利合作和互

---

[1] 陈须隆：《人类命运共同体理论在习近平外交思想中的地位和意义》，《当代世界》2016 年第 7 期。

[2] 胡锦涛：《坚定不移沿着中国特色社会主义道路前进，为全面建成小康社会而奋斗》，《中国共产党第十八次全国代表大会报告文件》，人民出版社 2012 年版，第 6 页。

[3] 习近平：《让命运共同体意识在周边国家落地生根》，新华网，http://news.xinhuanet.com/2013-10/25/c_117878944.htm。

联互通。"2015年3月,习近平主席参加博鳌亚洲论坛年会并发表《迈向命运共同体开创亚洲新未来》的主旨演讲,提出"我们要把握好世界大势,跟上时代潮流,共同营造对亚洲、对世界都更为有利的地区秩序,通过迈向亚洲命运共同体,推动建设人类命运共同体"。

2015年9月,在出席纪念联合国成立70周年系列峰会期间,习近平主席又发表了《携手构建合作共赢新伙伴,同心打造人类命运共同体》的重要讲话,首次在联大讲台上向全世界阐明"要继承和弘扬联合国宪章的宗旨和原则,构建以合作共赢为核心的新型国际关系,同心打造人类命运共同体"的宏伟构想。[1] 2016年9月,习近平主席在20国集团工商峰会开幕式上的主旨演讲《中国发展新起点全球增长新蓝图》中再次重申:"我们应该促进不同国家、不同文化和历史背景的人们深入交流,增进彼此理解,勠力同心、携手构建人类命运共同体。"[2]

2017年2月11日,联合国社会发展委员会第55届会议协商一致通过"非洲发展新伙伴关系的社会层面"决议,首次将"构建人类命运共同体"理念写入联合国正式决议之中,成为得到国际社会高度关注和众多国家积极响应的共识。[3] 2017年10月18日,党的十九大报告中提出:"各国人民同心协力,构建人类命运共同体,建设持久和平、普遍安全、共同繁荣、

---

[1] 杨洁篪:《坚持外交理论与实践创新 不断开创中国外交新局面》,《求是》2016年3期。
[2] 习近平:《中国发展新起点 全球增长新蓝图》,《人民日报》2016年9月4日。
[3] 《联合国决议首次写入"构建人类命运共同体"理念》,http://news.xinhuanet.com/world/2017-02/11/c_1120448960.htm。

开放包容、清洁美丽的世界。"坚持和平发展道路，推动构建人类命运共同体。同时倡导构建人类命运共同体，促进全球治理体系变革。党的二十大报告进一步提出："世界各国弘扬和平、发展、公平、正义、民主、自由的全人类共同价值，促进各国人民相知相亲，共同应对各种全球性挑战。"2018年3月11日，第十三届全国人民代表大会第一次会议通过的宪法修正案，将宪法序言第十二自然段中"发展同各国的外交关系和经济、文化的交流"修改为"发展同各国的外交关系和经济、文化交流，推动构建人类命运共同体"。2018年12月18日，在庆祝改革开放40周年大会上的讲话中，习近平同志总结改革开放40年来我国所取得的伟大历史成就时指出："我们积极推动建设开放型世界经济、构建人类命运共同体。"着眼推动新时代改革开放走得更稳、走向更远，习近平同志强调："必须坚持扩大开放，不断推动共建人类命运共同体。"

（二）人类命运共同体是面向开放世界的中国主张

人类命运共同体是中国因应开放世界的产物，是开放世界和开放中国共同凝聚的结晶。马克思指出："自主活动"是自由的本质特征，但是，"只有在共同体中，个人才能获得全面发展其才能的手段"[1]。人类命运共同体深刻揭示了全球化、信息化、条件下国与国之间、人与人之间关系的本质和处理方式，那就是共利共享、共识共商、共建共进、共有共赢。

自由主义主张个人利益的最大化，这一主张在资本主义社会是遵循资本逻辑、资本主导下的利益最大化，这必然导致人

---

[1]《马克思恩格斯选集》第1卷，人民出版社1995年版，第119页。

际关系的紧张对立，因此，自由主义语境下的所谓共同体必然是虚假虚幻的共同体。人类命运共同体摒弃片面的资本逻辑，坚持以人为本，人际关系乃是共治互治的关系、人乃是人格扩展的人，因此是一种真实共同体。

法律如果要恰当地完成其职能，就必须"旨在创设一种正义的社会秩序。"[1]人类命运共同体是中国语境下以法权为中心进行秩序建构的延伸扩展。康德意义上的法权，主要包括这样两个方面：一方面是作为个人纯粹自由意义上的所谓私人法权，另一方面是为这种私人法权提供保障的公共法权，由此，我们发现，康德意义上的法权的脆弱性。因此，无论是于现代民族国家，还是于整个世界，康德意义上的法权都是一种充满道德感的主张，之所以这样讲，是因为康德意义上的法权，个人是抽象的个人，世界则是现代民族国家的综合，因此，无论是个人、国家还是世界，都是缺乏历史的个人、国家和世界。

人类命运共同体是面向开放世界的中国主张。开放世界是多元互动的主体，是共在共享共建的主体。在这样的语境下，无论是个人、国家还是整个人类，都不是预先给定的先验存在，而是一直处于相互建构的过程，如此，法权也就必然成为多元主体参与的世界范围内沟通、共建和共享的法权，国家也是合作的国家，而不是康德意义上的国家联盟。"和平与安全是人类命运共同体的重要内容，是人的生命、生存延续和整个人权保障的重要条件。"[2]恰恰是这种多元主体共建共治共享的

---

[1] [美]E.博登海默：《法理学：法律哲学与法律方法》，邓正来译，中国政法大学出版社1999年版，第318页。
[2] 刘海年：《以史为鉴展望未来 建设人类命运共同体》，《光明日报》2015年9月8日。

法权的存在方式和表达方式本身，就是在为个人、国家直至人类的永久和平奠基。"一带一路"倡议可推动"共同但有区别的责任"原则的具体化和机制化，就是一种具有中国特色的法权建构之路。这种延伸和扩展，由于把个人、社会、国家、其他各种组织内在统一为一体，因此，同样呈现出体系化、机制化的法权建构理路，这种理路由于遵循平等共享共建的理念，因此也必然是朝向永久和平秩序的逻辑。

（三）人类命运共同体呈现出永久和平的世界图景

马克思指出："世界史不是过去一直存在的；作为世界史的历史是结果。"[1] 审视今天的中国和人类，人类命运共同体越来越不是一种虚幻的理想，而是中国共产党面向全人类提出的缔造一种永久和平秩序的中国主张和中国方案；是人类可以看得见、摸得着的真实行动。在人类命运共同体视域下，世界将变成一个命运相关的社会共同体，国家和其他各种组织将成为服务于这个共同体的重要环节。立足人类命运共同体的高度，康德所追求的永久和平秩序，从来没有像今天这样离人类这么近、步伐也从来没有像今天这样有力。尽管贫富差距仍然在困扰着人类、各种各样的战争和冲突仍然层出不穷，恐怖主义仍然是人类共同面临的敌人，但是面对人类命运共同体的现实推动和理想图景，这些都只不过是人类面临的短暂的杂音。

一方面，应该承认，人类总体上已经迈入了和平时代，世界和平从来没有像今天这样真实和全面；另一方面，我们仍然走在构建人类命运共同体的路上。最为根本的是，由于法权基

---

[1]《马克思恩格斯文集》第8卷，人民出版社2009年版，第34页。

石的日益牢固和坚实，随着法权建构的全面推进，随着开放时代的彻底到来，随着科学技术特别是信息技术这张无形之网对"法与改革"联合结构无所不在的广泛链接，在可以预见的未来，一个永久和平秩序的世界必将呈现在人类面前。人类有能力制造灾难，但更有从灾难中汲取教训和营养的能力，更有奠基永久和平秩序的能力，未来人类所居住的地球村必然是一个永久和平共同体。

永久和平秩序是一种法治秩序的法理扩展，人类命运共同体则是对一种法治文明秩序的现实回应。永久和平秩序是一个人类不断推进和接近的过程。战争是人类赢得和平的必修课，是人类进入永久和平秩序的序幕，永久和平秩序则是人类的命定。完成于1795年的《永久和平论》，已经过了200多年的历史，到今天始显其思想的光辉。这本俨然是为现在的人类准备的小册子，到今天，在中国迎来的以"法与改革"联合结构造就的一种法治文明秩序，同时也是一项面向整个人类的、持久而又坚实地走向永久和平秩序的事业。

小　结

"法与改革"联合结构的秩序本相，意图从秩序的维度对"法与改革"联合结构这一概念进行一番建构。在这一建构过程中，本章从中国社会变革中的秩序诉求、中国社会变革秩序建构的逻辑遵循、一种永久和平秩序的奠基这三个方面和层面，按照纵向延伸和横向拓展的逻辑展开，通过这种逻辑展开，展现出"法与改革"联合结构的秩序本相。这种秩序本相体现出中国语境下以法权为中心的秩序建构的内在理路、体现出以"一种法治文明秩序"所表达的新文明秩序缔造的内在理路、体现出在面对世界和人类的、置身开放语境的"一种永久和平秩序"的理想图景。归结到一点，体现出"法与改革"联合结构作为由"法"与"改革"熔铸而成的"变通之体"本应保有的秩序成长的空间和格局，这一空间和格局，既赋予当代人以观察者欣赏和以参与者体验的难得的历史机缘，更展现出与康德的法权情结、人类永久和平信念相呼应的美好前景。

第四章
"法与改革"联合结构的宪法检视

在对"法与改革"联合结构的解析中,基于宪法的视角是必经环节。这不仅因为宪法是国家根本大法,还因为自1978年改革开放以来,有关改革的诸多政策被写入了宪法,使得1982年宪法在相当程度上成为一部"改革宪法"。相比于其他法律,宪法与改革的关系更为密切,理解和把握两者的关系也更为紧要。1993年的宪法修正案将"坚持改革开放"写进宪法,2018年宪法修正案又将"改革"写进宪法序言,将改革与革命、建设并列,作为社会主义的一个长期的历史阶段。将改革作为社会主义的一个长期的历史阶段,表明自1978年改革开放到现在,直至将来很长的一个历史时期,中国的历史可以用改革来表达。中国特色社会主义是坚持以改革开放推进的,中国的宪法也必然是坚持改革的宪法。从研究层面看,在目前针对中国宪法的研究中,无论是基于规范层面对宪法文本的审视还是对宪法实施的考察,无论是基于政治层面的把握还是基于法律层面的研究,无论是基于方法论的检视还是基于实质内容的思考,等等,都从某一侧面,让我们看到了中国宪法特别是自《中国人民政治协商会议共同纲领》至"八二宪法"这一阶段新中国宪法历史(包括改革开放以来的五次《宪法》修正案)的真实面目和未来期许。但与此同时,也正是止于"某一侧面"的缘故,也就不可避免地存在着只见局部难见整体的局限。理解中国宪法,必须回归包括宪法史在内的中国历史,必须回归实践,必须尊重文本,必须持一种整体的宪法观,只有这样,才能减少偏颇,体现出如何面对宪法和具体面对宪法的中国特色。对"法与改革"联合结构基于宪法维度的思考,也应持这样的学术视野。

第一节　从《共同纲领》到"五四宪法"：
"法与改革"联合结构的最初奠基

在中国传统中，并没有近现代意义上的宪法，近现代意义上的宪法进入中国，是西学东渐的结果。面对西方列强的强力干扰，近代中国面临着一场总体性文明危机，如何摆脱这场危机，成为困扰近代中国的长期难题。为了破解这一难题，从清末到新中国成立之前，从器物层面到制度层面，进行了种种努力。在这些努力中，制定宪法是重要环节。然而，总结从清末到新中国成立前的宪法史，写在纸面上的宪法，最终不过是一纸空文。《中国人民政治协商会议共同纲领》（以下简称《共同纲领》）的制定，彻底终结了这一历史。从制定《共同纲领》到制定新中国的第一部《中华人民共和国宪法》（以下简称"五四宪法"），这一短暂的历史，是中国宪法发生重大变革的重要历史时期，同时，也是中国社会实现由新民主主义向社会主义过渡的重要历史时期。这样一段短暂的历史，把广泛深刻的社会变革与宪法变迁内在统一起来，从而实现了对"法与改革"联合结构的最初奠基。后来，虽然"五四宪法"在经历短暂辉煌后，经历了"不宣而废"的遭遇，并且有存在严重错误的"七五宪法"和较大局限的"七八宪法"的经历，但是，1978年改革开放时代的到来，以及1982年第四部《中华人民共和国宪法》的颁布实施，又使"法与改革"联合结构与一度断裂的宪法历史相连接，站在新的起点上，正式开启自己的历史。

一、《共同纲领》奠定了"法与改革"联合结构最基础的宪法秩序

新中国成立前的三天，即 1949 年 9 月 29 日通过的《中国人民政治协商会议共同纲领》（以下简称《共同纲领》）的时间，是自晚清以来的中国近代史上的正式立宪时刻，以这一时刻为标志，中国进入了一个真正的宪法秩序时代，也是从这一时刻起，中国社会所发生的变革才有可能与包括宪法在内的法律发生现实的、内在的关联，并以"法与改革"联合结构来加以表述。

（一）《共同纲领》解决了宪法秩序有无的问题

从晚清开始，中国就走上了一条受西方影响、向西方学习并得到启示的立宪之路。清末的《钦定宪法大纲》和《宪法重大信条十九条》，南京临时政府的《中华民国临时约法》，北洋政府的《中华民国宪法草案》（即 1913 年《天坛宪草》）、《中华民国约法》（即 1914 年的《袁记约法》）、《中华民国宪法》（即 1923 年《贿选宪法》），南京国民政府的《训政时期约法》《中华民国宪法草案》《中华民国宪法》，等等，都属于当时立宪的作品。然而，所有这些宪法文本，最终都成为近代宪法史上或供人鉴赏或遭人诟病的宪法浮云。造成此种结局的缘由，归根结底，是横亘在近代中国历史上的宪法秩序问题始终难以落地。就清末而言，以皇权为主的封建政权同近代宪法的内

在冲突所反映的恰恰是封建政治秩序走向瓦解的征兆，而不是一种新的宪法秩序即将产生的前景；就南京临时政府而言，孙中山先生发起的两次护法运动的失败，恰恰暴露出宪法秩序这一基础问题的虚置；而北洋政府的产生，本身就是宪法秩序难以安顿的政治恶果；至于南京国民政府《训政时期约法》"训政时期由中国国民党全国代表大会代表国民大会行使中央统治权"的规定，则是撕下"主权在民"的虚伪面孔、直接背弃宪法秩序的明证。

列宁不无深刻地指出："如果没有政权，无论什么法律，无论什么选出的机关都等于零。"[1]显然，在这里，列宁所言的政权，绝不是指能够拿出一纸宪法的政权，而是指能够长期维持一种良好宪法秩序的政权。遗憾的是，从清末到新中国成立之前，一直没有这样的政权，也一直没有与这样的政权相对应的宪法秩序。以《共同纲领》诞生时刻为标志，横亘于近代中国的宪法秩序问题终于得到安顿，得此结论的依据，不仅在于《共同纲领》的具体内容，而且在于与《共同纲领》相对应的宪法秩序——这一困扰近代中国的基础问题最终落定。毛泽东在评价《共同纲领》时指出："这是中国共产党、各民主党派、各人民团体、各界民主人士、国内少数民族和海外华侨团结奋斗的共同的政治基础，这也是全国各族人民团结奋斗的共同的政治基础。"[2]毛泽东这里所讲的政治基础，如果理解为一种宪法秩序，恐怕更为根本。

到此，我们自然会追问，与《共同纲领》相对应的宪法

---

[1]《列宁全集》第11卷，人民出版社1963年版，第98页。
[2]《毛泽东选集》第4卷，人民出版社1991年版，第1463—1464页。

秩序是什么？对此问题的回答是，"中华人民共和国"，我们之所以说中华人民共和国的成立标志的是一个政权的诞生，而不是国家的诞生，就是因为这里的政权其实是一种宪法秩序的指称。

（二）《共同纲领》解决了宪法秩序如何的问题

《共同纲领》的宪法秩序指向包括两层含义：解决了宪法秩序有无和宪法秩序如何的问题。其中，宪法秩序有无面对的是过去的历史，具有填补历史空白的意义；宪法秩序如何面向将来，具有如何为一个政权奠基的意义。长期以来，我们对《共同纲领》的关注，更多地着力于如何的方面，而忽略了有无的问题，须知，如何是建立在有无的基础上的。当然，对于现实中国来说，如何的问题比有无的问题更"现实"，这也是我们之所以关注如何的原因所在。

在解决宪法秩序如何的问题上，《共同纲领》系统回答了中华人民共和国是一个什么样的国家，对作为宪法秩序的中华人民共和国进行了现实安顿。具体来讲，《共同纲领》主要从国体、政体、政党制度、国家的结构形式这四个方面对中华人民共和国的宪法秩序进行了具体规定。其中：国体是工人阶级领导的、以工农联盟为基础的人民民主专政；政体是民主集中制的人民代表大会制；政党制度是中国共产党领导的多党合作和政治协商制度为中国的基本政党制度；国家的结构形式是统一的多民族国家和在单一制国家中的民族区域自治制度。"这些制度完整、系统地构成了中华人民共和国的基本政治制度"[1]，构成了中华人民共和国基本的宪法秩序。

（三）《共同纲领》为今后一切社会变革和宪法变迁奠定了基础

董必武同志曾指出："共同纲领"成为新中国成立初期的一切法制的基础。[2]刘少奇同志认为《共同纲领》"是目前时期全国人民的大宪章。[3]有学者也认为，"《共同纲领》又是一部具有根本大法性质的临时宪法。"[4]人们通常认为，《共同纲领》起到了"建国纲领""临时宪法"的作用。应该说，这样一些认识和结论，主要是立足当时制定《共同纲领》时的历史环境得出的，新中国成立当然需要"建国纲领"，一时难以制定一部宪法，当然需要一部"临时宪法"作为替代，否则，这个在彻底打碎旧的国家机器的基础上建立的新中国就无法"成立"，更谈不上正常运转。但是，即便如此，对这一问题的思考和回答，不应止于此，我们不应该因为《共同纲领》被后来的第一部《中华人民共和国宪法》所代替，就将其价值封存在历史中。

面对从《共同纲领》制定时刻成立的新中国，得出《共同纲领》起到临时宪法的作用，当然符合当时的历史事实，然而这样一个对《共同纲领》的评价，还是止于当时新中国成立"一刻"的评价；那么，面对一个长期的中国，《共同纲领》有

---

[1] 中共中央党史研究室：《中国共产党历史》第2卷（1949—1978）（上册），中共党史出版社2011年版，第13页。
[2] 《董必武选集》，人民出版社1985年版，第407页。
[3] 《刘少奇选集》上卷，人民出版社1981年版，第434页。
[4] 张晋藩：《中国宪法史》（修订本），中国法制出版社2016年版，第191页。

无作用、作用是什么？则是对《共同纲领》基于长时间段的一种历史评价。而在这种历史评价中，《共同纲领》更体现出从新中国成立的"原点"时刻就隐含的历史分量。这种历史分量，就是为今后一切社会变革和宪法变迁奠定了基础。之所以这样讲，就是因为国体、政体、政党制度和国家的结构形式这四个问题，作为宪法秩序的主要方面，根本上是由《共同纲领》明确的。这样一个明确，从根本上确立了新中国的政治基石。以后所有的工作，都是建立在这一基础上。可以毫不夸张地说，没有《共同纲领》就没有"五四宪法"，就没有经历艰难探索后改革开放的历史抉择和"八二宪法"的诞生。退一步讲，"五四宪法""不宣而废"后的长期的一段时间，新中国仍然能够"有效运行"，也是因为《共同纲领》所确立的政治基石发挥作用的结果。

二、"五四宪法"为"法与改革"联合结构奠定了较为完整的制度基础

1954年9月20日，一届全国人大一次会议通过并公布了《中华人民共和国宪法》，这是新中国成立后的第一部宪法。"五四宪法"由序言和总纲，公民的基本权利和义务，国旗、国徽、首都等四章组成。"五四宪法"以毛泽东的"人民民主专政"理论为指导，《共同纲领》为基础，又对《共同纲领》进行了发展，是一部社会主义类型的宪法，同时因为制定"五四宪法"时，社会主义改造还在进行之中，"五四宪法"的制定以党在过渡时期的总路线为指导思想，把党在过渡时期的总路线写入其中，因此，又是一部过渡时期的宪法。

（一）"五四宪法"确立了人民代表大会制度

"五四宪法"确立了人民当家作主的宪法地位。新中国的成立是"中国共产党主导的以人民主体的现实社会运动"这一变革中国的全新文明范式，在"革命"阶段运行的结果。中国共产党领导人民进行革命取得胜利后，建立一个什么样的政权，是首先需要解决的问题。新中国成立前夕，《共同纲领》就对这一问题给出了答案。《共同纲领》第十二条规定："中华人民共和国的国家政权属于人民。人民行使国家政权的机关为各级人民代表大会和各级人民政府。各级人民代表大会由人民用普选方法产生之。各级人民代表大会选举各级人民政府，各级人民代表大会闭会期间，各级人民政府为行使各级政权的机关。国家最高政权机关为全国人民代表大会。全国人民代表大会闭会期间，中央人民政府为行使国家政权的最高机关。"但是，在新中国成立之初，由于还不具备建立人民代表大会制度的条件，只能由中国人民政治协商会议代行人民代表大会的职权，这也是《共同纲领》为临时宪法的重要原因。

"五四宪法"的一大贡献就是确立人民代表大会制度为国家的根本政治制度。"五四宪法"彻底解决了从1840年鸦片战争到新中国成立之前长期困扰近代中国的人民出场问题。正是因为彻底解决了人民在国家政治和社会生活中的地位，确立了人民当家作主的政权，中国共产党领才能在1978年作出改革开放的伟大历史抉择，也才能在1982年通过一部适应改革开放要求的现行宪法。"五四宪法"是中国共产党领导中国人民所进行的伟大的立宪成果。之所以这样讲，是因为，从"五四宪法"诞生时刻起,"中国共产党领导中国各族人民"彻底地进入了为人民所拥有的宪法秩序时代。"人民代表大会的确立和正式实行,是中国共产党把马克思主义基本原理同中国具体实际相结合的一个伟大创造,是我们党带领全国各族人民长期奋斗的重要成果,反映了全国各族人民的共同利益和共同愿望。它不仅为国家的政治民主化进程确定了一种新型政权组织形式和总的民主程序,更重要的是确立了同中华人民共和国的国体相适应的社会主义根本政治制度。这种符合中国国情、体现中国社会主义国家性质的民主政治制度,为实现人民当家作主提供了根本保证,显示出强大的生命力和巨大的优越性。"[1]

(二)"五四宪法"确立了社会主义原则

"五四宪法"在序言和总纲中都写入了"社会主义",社会主义原则贯穿政治、经济、文化等各个领域,整部宪法比较系统和完整地确立起社会主义制度。自1978年作出改革开放的历史抉择后,我们党领导人民走上中国特色社会主义道路,中国特色社会主义的本质仍然是社会主义。中国特色社会主义是由道路、理论、制度和文化组成的一个完整的体系,是一个需要不断发展和丰富的体系,"法治中国"建设就是对社会主义基于法治视角的概括。然而,不管中国特色社会主义如何发展,都始于"五四宪法"确立的社会主义原则这一历史起点,同时,社会主义原则从各个方面为"法与改革"联合结构提供了较为完整的制度基础。

---

[1] 中共中央党史研究室:《中国共产党历史》第二卷(1949—1978)(上册),中共党史出版社2011年版,第187页。

三、"法与改革"联合结构的成功示范

从 1949 年新中国成立到 1956 年社会主义改造的基本完成，短短七年时间，实现了从新民主主义向社会主义的过渡。从新民主主义向社会主义的过渡，是一场伟大社会变革，在这期间，中国共产党领导中国人民进行了一系列改革。难能可贵的是，这一系列改革都是以一种和平过渡的方式进行的。之所以能够以和平过渡的方式实现新民主主义向社会主义的过渡，就是因为在推进这场伟大变革中，始终做到有法可依，把法与改革紧密结合起来，形成依法推进中国社会变革的成功实践。

《共同纲领》以新民主主义为中华人民共和国成立的政治基础，从国体、政体、国家的结构形式、政党制度奠定了新中国的宪法秩序。之所以说是一种宪法秩序，就是因为《共同纲领》虽然只起临时宪法作用，但是它集中体现了全体中国人民的意志，是人民大宪章，是中国共产党领导中国人民制定的建国纲领，因此，又起到了根本法的作用，为今后国家的一切变革奠定了根本基础。与此同时，《共同纲领》虽然是以新民主主义为基础的建国纲领，但"它包含了中国共产党的全部最低纲领，即在当前阶段实现新民主主义革命和建设的任务，同时，又在基本大政方针上同党将来制定社会主义纲领相衔接。"[1]这样，就为新中国成立后就着手进行一系列社会改革提供了事实上的宪法依据。新中国成立后成功进行了没收官僚资本与组建国营经济的工作，成功进行了彻底废除封建土地制度

---

[1] 中共中央党史研究室：《中国共产党历史》第二卷（1949—1978）（上册），中共党史出版社 2011 年版，第 106 页。

的改革，成功进行了对旧的婚姻制度制度的改革，与《共同纲领》发挥的基石作用密不可分。

注重立法支持改革，切实做到改革"于法有据"是这场社会变革能够以和平方式顺利进行的重要原因。这突出体现在，为了推进土地制度改革，颁布施行了《中华人民共和国土地改革法》，为了废除封建的婚姻制度、推进婚姻制度改革，颁布施行了《中华人民共和国婚姻法》，从而把这两项十分重要的改革与法律有机统一起来，充分发挥了法律在改革中的作用。

注重改革、法律与政策的相互衔接，是这场改革得以以和平方式顺利进行的重要原因。随着改革进程中社会主义因素的增加，我们党及时提出了党在过渡时期的总路线，即"从中华人民共和国成立到社会主义社会建成，这是一个过渡时期。国家在过渡时期的总任务是逐步实现国家的社会主义工业化，逐步完成对农业、手工业和资本主义工商业的社会主义改造"。从而为实现新民主主义向社会主义的过渡提供了总的指导思想。"随着工业化建设和社会主义改造的全面展开，加强国家政治、法律上层建筑的建设，更好地为建立社会主义经济基础服务，成为迫切需要。"于是，第一部《中华人民共和国宪法》（"五四宪法"）应运而生。"五四宪法"建立在《共同纲领》的基础上，总结了新中国成立以来的改革经验，明确了人民代表大会制度为新中国根本政治制度，把党在过渡时期的总路线纳入其中。既为继续推进改革提供了宪法依据，又为国家的正常运行提供了根本制度基础。虽然后来"五四宪法"遭遇"不宣而废"的命运，中国社会一度经历过"无法无天""频繁运动"，直至犯了"文革"的严重错误。但是 1978 年开启改革开放后，我们党把推进改革、出台政策与制定法律特别是完善宪法紧密结合起来，取得了改革开放和法治建设的巨大成就。这与我们党汲取从新民主主义向社会主义过渡时期的成功经验有直接关系。

第二节 "八二宪法"及其宪法修正："法与改革"联合结构的全面证成

1978年改革开放的正式开启和随后1982年颁布实施"八二宪法"（现行宪法），表明进入变革时代的中国社会，"法"与"改革"形成深度关联的、结构化的良性互动关系。宪法是国家根本大法，具有最高法地位。现行宪法的颁布实施及其随后进行的宪法修正，都与改革密切相关。自现行宪法颁布实施始，中国共产党领导人民进行的诸多改革，最终都以宪法修正的方式体现在宪法文本中，形成了宪法文本和社会变革相互印证、相互促进的良性格局。透过现行宪法颁布实施和随后进行的宪法修正程序和形式的一面，我们看到的是以宪法为代表的中国法的生成逻辑与变革中国社会的改革逻辑，两者耦合同构，所形成的"法与改革"联合结构，塑造了中国社会的宪法秩序，充分彰显了中国宪法的特色和优势。

一、"八二宪法"的继往与开来

彭真在关于宪法修改草案的报告中指出："这个宪法修改

草案继承和发展了一九五四年宪法的基本原则"[1]"当前我国正在进行经济体制的改革,并取得了很大的成就,今后还要全面、深入地进行下去。草案有关规定为这种改革确定了原则。"[2]"八二宪法"诞生于特定历史时期,不仅是一部除旧布新的宪法,更是一部承担重要历史使命,具有改革特色的宪法。1980年8月18日,邓小平在中共中央政治局扩大会议上所作的《党和国家领导制度的改革》的重要讲话,明确指出:"要使我们的宪法更加完备、周密、准确,能够切实保证人民真正享有管理国家各级组织和各项企业事业的权利,享有充分的公民权利,要使各民族真正实行民族区域自治,要改善各级人民代表大会制度。"[3]从邓小平的这段话,我们可以看出,在现行宪法中,要把人民放在第一位,让人民成为国家的主人,让人民享有公民权利。彭真指出:"制定出一部有中国特色的、适应新的历史时期社会主义现代化建设需要的、长期稳定的新宪法。"[4]"社会主义现代化建设""长期稳定",这都是一部新宪法承担的历史使命的表达。

具体到"八二宪法",无论在序言中,还是在总纲和具体条文中,都体现出一种历史使命的承载。宪法序言规定:"本宪法以法律的形式确认了中国各族人民奋斗的成果,规定了国

---

[1] 彭真:《关于中华人民共和国宪法修改草案的报告》(1982年11月26日),在第五届全国人民代表大会第五次会议上,载《人民日报》1982年12月6日。
[2] 中国人民公安大学编:《宪法参考资料》第1辑,第266页。
[3] 《邓小平文选》第2卷,人民出版社1994年版,第332页。
[4] 中共中央文献编辑委员会:《关于中华人民共和国宪法修改草案的报告》,载《彭真文选》,人民出版社1991年版,第439页。

家的根本制度和根本任务,是国家的根本法,具有最高的法律效力""国家的根本任务是,沿着中国特色社会主义道路,集中力量进行社会主义现代化建设。"在这里,"沿着中国特色社会主义道路,集中力量进行社会主义现代化建设"就是对这一历史使命的集中概括。

自1840年鸦片战争以来,中国所处的历史环境决定了宪法必然承担其应有的历史使命。《共同纲领》尽管起的是临时宪法的作用,但其中凝聚的是新中国诞生的使命,在十年"文革"无法无天的环境下,我们国家仍然能够保持国家政权的稳定,"文革"结束后,我们党之所以能够作出改革开放的重大历史抉择,与《共同纲领》对国家政权的奠基作用直接相关。"五四宪法"则对社会主义建设具有宪法上的奠基作用。有学者把《共同纲领》"五四宪法"与"七五宪法""七八宪法"一并纳入所谓的"革命宪法范式"[1],一者看不到《共同纲领》"五四宪法"与"七五宪法""七八宪法"的根本区别,二者忽略了《共同纲领》"五四宪法"所承担的重要历史使命,因此是比较偏颇的。

但是,《共同纲领》和"五四宪法"所处的历史条件决定了其承担的历史使命只能是局部的。"八二宪法"所处的改革开放的历史环境决定了其所承担的历史使命是系统、全面和丰富的。这种系统、全面和丰富体现在:不仅是为了追求"有生命的个人的存在",而且追求人的自由而又全面的发展,不仅追求国家富强、民族振兴,而且把个人的发展与国家建设内在

---

[1] 姚中秋:《从革命到文明:八二宪法序言第一段大义疏解》,《法学评论》2015年第2期。

统一起来，把人的发展与国家建设通过法权建构这一纽带统一起来。这种系统、全面和丰富集中体现在国家富强、民族振兴、人民幸福和世界和平四个方面，用实现中华民族伟大复兴进行集中概括。而实现中华民族伟大复兴，一方面需要充分展现中国社会的变革特征和变革要求，因为自改革开放以来，变革已成为中国社会的本质特征和本质要求；另一方面则需要将中国社会的变革特征和变革要求以法治形态和法治秩序的方式呈现出来。

改革开放以来的中国社会变革之所以能够行稳致远、创造了"两大奇迹"，从根本上讲就是将"社会主义要素""现代化要素"和"中国要素"，这反映和体现中国社会变革要求和变革趋势的三大核心要素和基本要素，通过"法与改革"联合结构，辩证而又有机地糅合起来，最终在社会主义现代化道路上，走出了中国式现代化道路，在中国社会整体结构和内在机理上，逐渐形成以"法治中国"为统合的"法治国家""法治政府""法治社会"的三元结构形态，呈现出一幅具有鲜明中国特色的法治理想图景和一种法治文明秩序的历史进路，充分展现出"法与改革"联合结构塑造中国社会、创造历史的综合动能。因此，回顾"八二宪法"颁布实施以来，中国宪法的变迁历史和中国社会变迁的历史，现行宪法承担的重要历史使命可以概括为一句话：就是通过"法与改革"联合结构塑造一种法治文明秩序。

二、修宪的目的指向

考察"八二宪法"及其随后进行的五次修宪，可以发现，具有清晰的目的指向。具体来说,"八二宪法"及其随后的五次修宪始终贯穿着这样两个目的:法权的全面建构与为法权的全面建构所进行的规划和制度设计,这两个目的其实是国家与公民关系在制宪和修宪中的体现,其中第一个目的是根本目的,第二个目的是直接目的。这样讲的依据包括:第一,"八二宪法"在结构上将公民的基本权利与义务一章被提到了国家机构一章的前面。这一调整提供了后续五次修宪围绕法权进行全面建构的宪法依据。第二,五次修宪总体上是围绕法权的全面建构展开的。

1988年的第一次修宪明确"国家允许私营经济在法律规定的范围内存在和发展""土地的使用权可以依照法律的规定转让"。这次修宪是针对私营企业和土地流转问题提供的宪法保障,是通过宪法进行法权建构的具体体现。

1993年第二次修宪对宪法作出9处修改,将"社会主义初级阶段"和"建设有中国特色的社会主义"及"改革开放"写入宪法,"家庭联产承包为主的责任制"取代了"人民公社","社会主义市场经济"取代了"计划经济",将"国营经济是社会主义全民所有制经济,是国民经济中的主导力量。国家保障国营经济的巩固和发展"修改为"国有经济,即社会主义全民所有制经济,是国民经济中的主导力量。国家保障国有经济的巩固和发展"。"集体经济组织在接受国家计划指导和遵守有关法律的前提下,有独立进行经济活动的自主权"和"集体经济组织依照法律规定实行民主管理,由它的全体劳动者选举和罢免管理人员,决定经营管理的重大问题"修改为"集体经济组织在遵守有关法律的前提下,有独立进行经济活动的自主权""集体经济组织实行民主管理，依照法律规定选举和罢免管理人员，决定经营管理的重大问题"。这次修宪可以说是围绕法权全面建构进行的一次重大的宪法变革。

1999年的第三次修宪，对宪法部分作出了6处修改：将"邓小平理论"写进宪法序言；明确中华人民共和国实行依法治国，建设社会主义法治国家；明确我国将长期处于社会主义初级阶段，确立了我国社会主义的基本经济制度和分配制度；修改了我国的农村生产经营制度；确立了非公有制经济在社会主义市场经济中的地位。这次修宪从基本经济制度和分配制度、农村生产经营制度、非公有制经济在社会主义市场经济中的地位这三个环节就法权的全面建构进行了具体制度设计，同时围绕法权的全面建构这一根本目的，通过修宪提供了基本法治保障。

2004年的第四次修宪，将"三个代表"重要思想写入宪法。将"国家为了公共利益的需要，可以依照法律规定对土地实行征用"，修改为"国家为了公共利益的需要，可以依照法律规定对土地实行征收或者征用并给予补偿"；将"国家保护个体经济、私营经济的合法的权利和利益。国家对个体经济、私营经济实行引导、监督和管理"，修改为"国家保护个体经济、私营经济等非公有制经济的合法的权利和利益。国家鼓励、支持和引导非公有制经济的发展，并对非公有制经济依法实行监督和管理"；将"国家保护公民的合法的收入、储蓄、房屋和其他合法财产的所有权""国家依照法律规定保护公民的私有财产的继承权"，修改为"公民的合法的私有财产不受侵犯""国家依照法律规定保护公民的私有财产权和继承权""国家为了公共利益的需要，可以依照法律规定对公民的私有财产实行征收或者征用并给予补偿"。为法权的全面建构提供宪法保障的内容十分丰富，其中"公民合法的私有财产不受侵犯""国家尊重和保障人权"同样是围绕法权全面建构的重大宪法变迁。

2018年的第五次修改，宪法修正案从第32条到第52条，共21条，是到目前为止，对现行宪法进行的最大修改。但是这21条修改，没有一条涉及具体法条的修改。由此，我们是否可以得出，这次修宪与法权的全面建构无关呢？结论恰恰相反。因为法权全面建构在宪法上的表现，包括针对法权建构本身与为法权建构提供相关制度支持这样两个层面。第五次修宪，其主要着力点是完善公权力体系，而公权力体系的完善，其目的就是保障法权。事实上，经过前四次修宪，有关法权建构本身的宪法修改空间已经比较狭窄，而从公权力层面提供法权建构的宪法保障，显得更为重要，这也是"中国共产党领导是中国特色社会主义最本质的特征"写入宪法的目的所在。

三、宪法表达改革的基本路径

宪法怎样表达改革，是理解"法与改革"联合结构需要面对的基本问题。在面对这一问题上，如果止于现行宪法条文及其变化与改革的关联，并通过这种关联，建构法与改革的关系，进而去证成"法与改革"联合结构这一概念的有效性和合理性，那就不仅显得过于具体和表象，而且是偏离了问题本身的"问题域"。正确的选择应该是，首先要有一种基于宪法视域的表达改革的体系化结构的总体路径，然后再从宪法条文中寻找比较具体的路径，两者的统一构成了宪法表达改革的基本路径。

所谓体系化结构的总体路径，就是要不仅把宪法看作一个由序言、总纲和其他各章组成的结构化体系，而且要把宪法看作一个由《宪法》、宪法性法律（如《立法法》）和宪法惯例等组成的一个宪法体系。宪法表达改革，就是要从这一结构化体系的角度与改革进行关联。从结构化体系的角度与改革进行关联，就会得出宪法是由各种要素组成的"改革宪法"这一根本结论，最终从这一根本结论中寻找宪法表达改革的答案。具体来讲，从结构化体系的角度与改革进行关联，应把握这样几个根本点：

宪法序言为宪法表述改革提供了全面的、系统化的、制度化的宪法支撑。宪法序言不仅具有宪法效力，而且是宪法的灵魂，对宪法具有统摄统领和统率作用，是宪法精神的集中体现，是中国社会变革变迁与宪法变迁关系的集中体现。现行宪法序言本身就是一个结构化的体系，在此结构化体系中，不仅"我国将长期处于社会主义初级阶段""坚持改革开放"等直接针对改革的表述构成了宪法表达改革的基本宪法依据，而且从宪法序言的变迁（如将"我国正处于社会主义初级阶段"改为"我国将长期处于社会主义初级阶段"，第五次宪法修改时在宪法序言中将"改革"与"革命""建设"相并列）中，更能找到宪法表达改革的宪法支撑。

党的领导为改革提供了根本保证。改革开放以来，中国进行的变革之路，概括为中国特色社会主义道路，这条道路是"中国共产党主导的以人民为主体的现实社会运动"这一变革中国的全新文明范式的政治表达。无论是从变革中国的全新文明范式还是从政治表达的角度，都能够得出，党的领导在中国社会变革中的根本性和主导性地位。具体反映到宪法这一集中体现公民权利和义务、集中体现国家根本制度和根本任务、集中体现近代以来中国社会变革变迁历史、集中体现中国政治、经济、文化、社会、生态建设要求的最重要的政治法中，党的领导是贯穿于宪法序言和整个宪法体系中的一条主要线索；2018年修宪时在总纲中进一步明确"中国共产党领导是中国特色社会主义最本质的特征"这一规定，更使中国共产党领导不仅成为构成其他一切制度的前提和依据，而且成为变革中国社会的内在支撑，也因此，这一规定为党领导改革提供了根本制度支撑。

人民代表大会制度为改革提供了基本制度支撑。人民代表大会制度作为宪法规定的我国的一项基本政治制度，为改革提供了基本制度支撑。这种支撑既集中体现在中国共产党通过提出修宪建议启动修宪程序，实现有关改革的内容入宪的环节，更体现在现行宪法赋予人民代表大会广泛、全面的权力。其中宪法第六十二条（十六）项"应当由最高国家权力机关行使的其他职权"的规定，为宪法表述改革提供了直接的宪法依据；现行宪法扩大了全国人民代表大会常务委员会的职权，赋予全国人民代表大会常务委员会以国家立法权，特别是宪法第六十七条（二十二）项规定"全国人民代表大会授予的其他职权"为宪法表述改革提供了具体依据，进行国家监察制度改革试点，就是依据这一规定由全国人大常委会授权试点，从而获得了宪法依据。党的十八大以来，全国人大常委会作出"授权试点"的决定达 15 项，弥补了改革试点突破现行宪法和法律规定的不足问题。宪法第一百条第二款"设区的市的人民代表大会和它们的常务委员会，在不同宪法、法律、行政法规和本省、自治区的地方性法规相抵触的前提下，可以依照法律规定制定地方性法规，报本省、自治区人民代表大会常务委员会批准后施行。"为设区的市在职权范围内推进改革提供了具体的宪法依据。

宪法性法律为宪法表述改革提供了具体宪法依据。最典型的就是《立法法》第七十四条"经济特区所在地的省、市的人民代表大会及其常务委员会根据全国人民代表大会的授权决定，制定法规，在经济特区范围内实施。"为经济特区在职权范围内依法推进改革提供了宪法依据。

宪法惯例为宪法表达改革提供了现实宪法依据。最典型的就是中国共产党中央委员会提出的修宪建议。中国共产党是执政党，居于执政党地位的中国共产党向全国人大常委会提出修宪建议，不是一般的建议，而是代表国家和人民的意志和利益，向国家最高立法机关提出的郑重的政治主张和政策建议。特别是随着中国共产党中央委员会向全国人大常委会提出修宪建议走向制度化和规范化，如 2018 年 1 月 18 日至 19 日，中国共产党第十届中央委员会第二次全体会议审议通过了《中中央关于修改宪法部分内容的建议》，中国共产党的修宪建议已成为我国政治生活和法治建设的重要组成部分，是党依法执政特别是依宪执政的重要方式。同时，随着党内法规被纳入"中国特色社会主义法治体系"，中国共产党中央委员会向全国人大常委会提出修宪建议也应成为修宪程序的始端，处于修宪程序的启动环节。

四、党的领导、人民当家作主和依法治国相结合：理解"法与改革"联合结构的最高原则

在改革开放和法治建设历程中确立的党的领导、人民当家作主和依法治国相统一的原则，是我国法治建设应坚持的原则。因为这一原则同时从根本上把法与改革结合起来，因此，成为理解"法与改革"联合结构的最高原则。

（一）中国共产党的领导是宪法中的根本法

现行宪法序言规定："本宪法……具有最高的法律效力，"宪法序言对中国共产党的宪法地位进行了明确规定："中国新民主主义革命的胜利和社会主义事业的成就，是中国共产党领导中国各族人民……战胜许多艰难险阻而取得的。""中国各族人民将继续在中国共产党领导下……把我国建设成为富强民主文明和谐美丽的社会主义现代化强国，实现中华民族伟大复兴。"从宪法序言的这些规定可以得出：由于包括宪法序言在内的宪法具有最高法律效力和最高法律地位，因此，宪法序言中"中国共产党领导中国各族人民""中国各族人民将继续在中国共产党领导下"的表述所要表达的是中国共产党针对"中国各族人民"的领导地位。中国共产党针对"中国各族人民"的领导地位，决定了中国共产党宪法地位的根本性，同时，宪法序言的规定也决定了中国共产党是宪法的基本构成要素。

从具体的宪法条文看，宪法总纲第一条第二款规定："中国共产党领导是中国特色社会主义最本质的特征。"在这里

"中国共产党领导"针对的是中国特色社会主义，而中国特色社会主义则是对中国社会及其变革变迁的全称概括，"最本质的特征"突出的则是根本性。所以，宪法总纲中的这一规定，是对中国共产党领导地位的进一步明确和强调。

（二）党的领导、人民当家作主和依法治国是一个完整统一体

在明确中国共产党在宪法中的根本法地位后，还需要进一步明确"中国共产党领导中国各族人民""中国各族人民将继续在中国共产党领导下"的宪法规定中，中国共产党与中国人民的关系。

《宪法》总纲第二条规定："中华人民共和国的一切权力属于人民。人民行使国家权力的机关是全国人民代表大会和地方各级人民代表大会。人民依照法律规定，通过各种途径和形式，管理国家事务，管理经济和文化事业，管理社会事务。"从宪法的这一规定中可以得出：人民代表大会是国家的最高权力机关，它所要表达的是人民在宪法上至高无上的地位。到此，我们可以看出，一方面，中国共产党领导中国各族人民；另一方面，人民具有至高无上的宪法地位。那么，中国共产党与中国人民究竟是一种什么关系？

中国共产党的领导地位是由中国共产党是中国工人阶级和中华民族的先锋队，是中国人民根本利益的代表所决定的，因此，中国共产党的人民性是从政治上讲的，或者说中国共产党是中国人民政治上的代表。从政治上讲中国共产党的领导地位，意在表明中国共产党领导的全面性、彻底性和根本性。相

对于政治上的中国共产党的领导地位和人民性，那么，人民代表大会则是从宪法和法律的角度讲的，更准确地讲，人民在宪法上的至高无上的地位是通过"人民代表大会制度"这一宪法制度来体现的。由此形成了，中国共产党领导下的中国人民这一由中国共产党的政治属性，同中华人民共和国的一切权力属于人民这一中国人民的宪法法律属性共同构成对人民性的完整表达，中国的制宪权主体或主权结构既不是单纯的"中华民族"也不是简单的"中国人民"，而是"中国共产党领导下的中国人民。"[1]就比较充分地说明了这一点。

与此同时，《宪法》总纲第五条规定："中华人民共和国实行依法治国，建设社会主义法治国家。"《宪法》总纲中的这一规定确立了依法治国的宪法地位。法律体现的是国家意志，宪法则是国家意志的集中体现，因此，把依法治国写入宪法，是依法治国所体现的国家意志在宪法这一最高法层面的法律化。至此，党的领导、人民当家作主和依法治国相统一，就转化为党的意志、人民意志和国家意志的相统一。那么，如何理解这里的"相统一"呢？党的领导规定在宪法序言中，说明了党的领导在三者关系中居于主导地位；人民当家作主规定在总纲中，并以人民代表大会来进行表述，说明了人民当家作主是一项根本制度；依法治国也规定在总纲中，以社会主义法治国家来表达，说明法治也是一项根本制度。党的领导、人民当家作主和依法治国在宪法中的地位，说明三者的统一是党的意志、人民意志和国家意志的统一。由于党的意志、人民意志和国

---

[1] 陈瑞洪：《论宪法作为国家的根本法与高级法》，《中外法学》2008年第4期。

家意志具有根本上的一致性，因此，这种统一是一个完整统一体。这种完整统一体，基于宪法层面的概括就是：以人民意志为基础、经过中国共产党对人民意志的把握，通过修宪程序，最终体现为国家意志，是"中国共产党主导的以人民为主体的现实社会运动"这一变革中国的全新文明范式的宪法表达，同时构成中国共产党依宪执政的基本方式。

（三）党的领导、人民当家作主和依法治国相统一：理解"法与改革"联合结构的最高原则

党领导人民制定宪法和法律、党领导人民进行改革，这构成了自1978年以来中国社会的基本实践，同时也被规定在现行宪法中，具有明确的宪法地位。正如前文所指出的，改革的本质是法权的全面建构，而之所以是法权的"全面"建构，就是因为虽然法权建构根本上是遵循"自由逻辑"和"权利逻辑"的建构，但同时在现实中国的具体建构过程中，绝不是西方个人主义意义上的自由建构，而是有外力参与和主导的建构，这也是中国语境下的法权，与一些西方学者所主张和认定的完全受个人主义主导的"自由法权""权利法权"的不同之处和优势所在。

具体来讲，这里的所谓外力就是以中国共产党为主导所形成的宪法和法律体系。而正是以中国共产党为主导形成的宪法和法律体系，所产生的对法权建构的"法律干预"，使这种法权建构形成自己真正的历史，也使这种法权建构成为一种"全面"的法权建构。其中，党领导人民制定宪法和法律，其实质就是法权建构的法律表达；党领导人民进行改革，同样也是

在法权建构中，党的意志与人民的意志相协调和相统一的过程，在这种相协调和相统一的过程中，党的意志最初体现为政策，然后经过法定程序上升为宪法和法律。因此，到此完全可以得出这样一个结论，党领导人民制定宪法和法律、党领导人民进行改革，都有一个共同的前提——中国共产党，正是中国共产党把"法"与"改革""撮合"在一起，这种"撮合"的过程，实质上就是党的意志、人民意志和法律意志相互沟通的过程。这种沟通的过程用一个相对简易的流程来表达就是：中国共产党以宪法修改建议的方式向全国人大常委会提出自己的主张—全国人大常委会对此建议进行审议—该建议经法定程序被纳入宪法。

由此可知，"法与改革"联合结构其实是遵循党的领导、人民当家作主和依法治国原则的一种体系化的运行机制，党的领导、人民当家作主和依法治国相统一也因此构成理解"法与改革"联合结构的最高原则。

五、确立改革的最高法地位

宪法序言规定：要"坚持改革开放"，将改革与革命、建设一并规定为社会主义所经历的长期的历史阶段。与此同时，现行宪法还通过修宪将一系列关于改革的重要和成熟的政策写入宪法，经过五次修宪，现行宪法已成为一部具有鲜明改革特色的宪法。

自 1978 年以来，中国共产党带领中国人民开启了推进改革开放的伟大实践，通过改革开放，建立起以公有制为主体、多种所有制共同发展的基本经济制度，建立健全社会主义市场经济体制，推进全面依法治国，对经济、政治、社会、文化、生态等一切领域都进行改革。所有这些，构成中国改革的实践。

把改革开放写入宪法和中国共产党领导人民进行改革的实践，充分说明改革在宪法中的最高法地位，但是，改革与宪法的实质关系是什么，到此并没有结论。中国的改革以1978年12月召开党的十一届三中全会为历史起点。1978年3月5日，第五届全国人民代表大会第一次会议一致通过了《中华人民共和国宪法》，但是，"七八宪法"毕竟是一部过渡性宪法，"从整部《宪法》的内容看，许多重要的问题都未能涉及，相反，一些本来不应该由《宪法》加以规定的，反而出现在《宪法》条文中，使得《宪法》缺乏科学性、规范性。"[1]为此，"1980年8月30日，中共中央向第五届全国人民代表大会第三次会议主席团提出了成立宪法修改委员会、全面修改《宪法》的建议""1982年12月4日，《宪法》经五届全国人大五次会议审议通过并公布实施"[2]。经过1982年修宪，迄今，现行宪法施行40余年，其间，对现行宪法已进行了五次修改。可以说，1982年迄今的宪法变迁与改革开放的关系构成了"宪法与改革"关系最主要的历史。

我们知道，中国的改革开放起步于1978年党的十一届三中全会，但是，与此同时，1978年3月5日，第五届全国人民代表大会第一次会议一致通过《中华人民共和国宪法》。将

---

[1] 张晋藩：《中国宪法史》（修订本），中国法制出版社2016年版，第378—379页。

[2] 张晋藩：《中国宪法史》（修订本），中国法制出版社2016年版，第380—381页。

"七八宪法"与"八二宪法"共同置于宪法文本层面,我们会发现应该具有这样一种尊重历史的态度,即把中国的改革开放与中国的宪法变迁置于始于同一历史起点的时间框架内。置身这样的时间框架,有两个问题呈现在我们面前:第一个问题是1978年以来中国改革的实践是否存在"违宪"的问题;相对于前一个相对比较具体的问题,第二个问题则更为根本,那就是与"七八宪法"和"八二宪法"相比较,1978年中国共产党作出的改革开放的历史抉择的宪法地位问题。

针对第一个问题,可以得出,1978年以来中国的改革,因为"中国共产党的领导"的根本法地位,因此,是合宪的;针对第二个更为根本的问题,本文的意图在于,通过把改革与"七八宪法"和"八二宪法"比较,进一步明确这一历史抉择的宪法地位。一方面,1978年中国共产党作出改革开放的历史抉择;另一方面,通过与"七八宪法""八二宪法"的比较,1978年中国共产党的这一历史抉择究竟有什么不同。笔者之所以一再执着于对这一问题的追问,实是因为深深感到面对这一中国社会的"三千年未有之变局",这一相异于以往任何历史阶段的巨大变革,这一开启"一种法治文明秩序"的"总体性文明变革",应该在宪法地位上有更清晰、更准确的定位。

既然已经明确"中国共产党的领导"在我国宪法上具有根本法地位,那么接下来,对作出改革开放历史抉择的宪法地位的定位,就转化为对处于根本法地位的中国共产党作出的改革开放这一历史抉择与中国共产党作出的其他举措有何不同这一问题的追问。中国共产党作为一个现代政党,作为一个马克思主义政党,在革命阶段领导中国人民革命,夺取政权后领导中国人民执政，在不同历史阶段，处于不同历史方位，其"根本法"地位其实是始终如一，也是基本历史事实。

中国共产党作为一个代表人民根本利益的马克思主义执政党，对人民始终有一个最为根本的承诺，带领人民革命，通过革命夺取政权，都是为了兑现这一最为根本的承诺，最终这一根本的承诺以改革开放的历史抉择兑现和落实了。所以，中国共产党在1978年作出改革开放的历史抉择，意味着在这一历史时刻，是处于根本法地位的中国共产党，与它所代表也能够代表的全体中国人民兑现人民性的时刻，这一时刻是人民亲眼见证一个代表自己利益的政党真正兑现自己承诺的时刻，这一时刻虽然是一种假设，但它以真实的历史呈现在我们面前，这一时刻也是"法与改革"联合结构作为一个概念，真正形成自己"概念史"的开端。

在1978年这一历史时刻中国共产党所体现的人民性，具有至高无上的、自然法意义上的宪法地位，这其实也是我们党一再强调坚持改革开放不动摇的原因所在。

第三节 "法与改革"联合结构：一种宪法传统的表达

传统是对一个国家或民族或群体在一个长时间段重要经历所形成的历史传承。中国共产党领导人民的制宪历史经历了革命、建设、改革和进入新时代四个阶段，其中包括新中国成立之前工农民主政权、抗日民主政权和解放区人民民主政权时期的宪法史；新中国成立后从《共同纲领》到"五四宪法"和社会主义建设阶段的宪法史；实行改革开放后1982年通过的"八二宪法"及其经过历次修宪的宪法史；进入新时代的宪法修改。中国共产党领导人民所经历的这样一个长时间段的宪法变迁历史，与中国社会变革最紧密地联系在一起，以至于形成一种宪法传统，这种宪法传统，实际上就是体现在"法与改革"联合结构中的中国社会变革与中国宪法变迁的有机统一。

一、宪法序言价值的发挥

宪法序言构成了中国宪法的一大特色，从《共同纲领》到现行的"八二宪法"，在宪法文本的开始部分，都是宪法序言。因此，如何理解和对待序言，是理解"法与改革"联合结构的必经环节，也是理解中国宪法的必经环节，更是理解中国宪法传统的必经环节。从形式层面看，"有序言"本身就构成了从《共同纲领》到"八二宪法"的一种宪法传统，而宪法序言的价值几何？则是对这种宪法传统的内在把握。

（一）宪法序言具有宪法效力

"八二宪法"序言的最后一段规定："本宪法以法律的形式确认了中国各族人民奋斗的成果，规定了国家的根本制度和根本任务，是国家的根本法，具有最高的法律效力。全国各族人民、一切国家机关和武装力量、各政党和各社会团体、各企业事业组织，都必须以宪法为根本的活动准则，并且负有维护宪法尊严、保证宪法实施的职责。"怎样理解这段话，应成为理解宪法序言的首要任务。

首先，分解这段话，包括清晰的五层含义：第一层是"本宪法以法律的形式"；第二层是"确认了中国各族人民奋斗的成果"；第三层是"规定了国家的根本制度和根本任务"；第四层是"是国家的根本法，具有最高的法律效力"；第五层是"全国各族人民、一切国家机关和武装力量、各政党和各社会团体、各企业事业组织，都必须以宪法为根本的活动准则，并且负有维护宪法尊严、保证宪法实施的职责"。

其次，经过分解后再进行分析："本宪法以法律的形式"这一表述明确无误地表明宪法序言也在"法律形式"的范围内，由此可以得出，宪法序言具有无可置疑的宪法效力；由此还可以进一步推出："确认了中国各族人民奋斗的成果"也属于"法律形式"的范围，而这些奋斗成果就规定在宪法序言中；因为"是国家的根本法，具有最高的法律效力"，因此宪法序言的法律效力指的是宪法所具有的最高法律效力。

最后，这一规定放在宪法序言部分，本身就足以表明宪法序言具有宪法效力，因为如果宪法序言没有宪法效力，那么，这一规定也就没有宪法效力，而这一规定没有宪法效力，得出的结论是宪法没有宪法和法律效力。由此可见，宪法序言具有宪法效力，是非常明确的结论。

（二）宪法序言所体现的宪法精神

在明确了宪法序言具有宪法效力后，需要进一步追问，宪法序言具有怎样的宪法效力？对此理解，应明确这样两个前提：第一个前提是判断宪法效力的标准是什么？第二个前提是宪法序言虽然具有宪法效力，但是，因为宪法序言在结构和内容上明显有别于总纲和其他各章明确的条款规定，因此，其宪法效力应该与总纲与其他各章的宪法效力有所区别？只有厘清了这两个问题，对宪法序言的宪法效力，才会有一个比较准确的理解。

就第一个前提而言，由于我国宪法不具有"可诉性"，也比较缺乏"假定、处理、制裁"的规范性设置，[1]因此，对我国宪法效力的理解，就不能以这两条标准进行衡量，如果以这两条标准衡量，就会陷入理解我国宪法效力的死胡同。事实上，从"本宪法以法律的形式确认了中国各族人民奋斗的成果，规定了国家的根本制度和根本任务，是国家的根本法，具有最高的法律效力"这一表述本身就可以得出我国宪法的宪法效力究竟是一种怎样的宪法效力。"确认了中国各族人民奋斗的成果"，这是我国宪法效力的第一层含义，即我国宪法的宪法效力表现在对"中国各族人民奋斗成果"的"确认"上，这里的"确认"就是通过宪法这一最具法律权威性的表述对"中国各族人民奋斗成果"进行宪法评价；"规定了国家的根本制度和根本任务法"，这是我国宪法效力的第二层含义，即我国宪法的宪法效力表现在对"国家的根本制度和根本任务"的"规定"上，这里的"规定"就是通过宪法这一最具政治权威性的表达对"国家的根本制度和根本任务"进行宪法明确；"是国家的根本法，具有最高的法律效力"很明显是对前面的"确认"和"规定"作出的宪法上的结论，"是国家的根本法，

---

[1]《宪法序言同样具有最高法律效力——访中国社科院学部委员、法学研究所原所长李林》，《人民日报》2018年3月9日。

具有最高的法律效力"的宪法结论,恰恰体现出我国宪法所具有的宪法效力的特殊性。到此,"确认""规定""是国家的根本法,具有最高的法律效力"构成理解我国宪法之宪法效力的完整逻辑,而其中的"是国家的根本法,具有最高的法律效力"这一宪法上的肯定性结论,足以说明我国宪法效力的性质。

就第二个前提而言,宪法序言具有宪法效力,但是这里的宪法效力同总纲与其他各章的宪法效力有何区别?总纲与其他各章都是明确的条款规定,而宪法序言则是以其特有叙事方式形成的一种文本结构,这种以特有叙事方式形成的文本结构,把内容上的总体性和层次性统一起来,不但对后面的总纲与其他各章具有统领统摄功能,而且其本身也具有独立的宪法价值,这种独立的宪法价值既体现在其层次性结构中,具体规定比较明确的宪法效力,如对国家的根本任务的规定;也体现在其总体的宪法精神上,这种宪法精神也是宪法效力的体现。总之,宪法序言是宪法的灵魂,其宪法效力是一种更具有层次性、根本性、总体性、基础性的宪法效力,是一种集中体现宪法精神的宪法效力。

应当明确的是,宪法序言的宪法效力对改革具有基础意义。"宪法序言对宪法条文具有统领性和指导性,宪法条文的具体规定是宪法序言规定的基本价值和原则的具体化和条文化,总纲中许多规定特别是有关国家基本国策的规定,是对宪法序言规定的国家根本任务、奋斗目标等的具体实现方式。"[1]之所以这样讲,不仅是因为宪法序言所包含的关于"改革"的

---

[1] 李林:《习近平新时代宪法思想的理论与实践》,《北京联合大学学报(人文社会科学版)》2018年第3期。

具体规定，构成对改革的明确指导，还因为对宪法序言中宪法精神的理解，构成对改革总的和全面的指导。

如通过对宪法序言的分析得出现行宪法是"改革宪法"的结论，就对改革构成全面指导。因为这种全面指导同样具有宪法效力，因此，其所发挥的导向功能，具有直接的和现实的针对性。如党的指导思想通过修宪宪法化和国家化并写入宪法序言的过程，由于党的指导思想的宪法化和国家化，因此，对改革具有根本的导向功能；还比如宪法序言中"我国将长期处于社会主义初级阶段"的规定，就对改革构成长期的、明确的指导，通过对这一规定的正确理解，即使具体的改革实践没有入宪，也能获得宪法上的保障；而宪法序言中"坚持改革开放"的规定，更是构成了对改革的根本性指导。需要强调的是，宪法序言对改革发挥着具有宪法效力的指导作用，从根本上讲，宪法序言之所以具有如此的宪法效力，是"法与改革"联合结构所内含的宪法变迁与中国社会变革相互作用的结果，而且正是这种由宪法变迁与中国社会变革所形成的"法与改革"联合结构的现实功用，宪法序言才成为一种宪法传统。

二、宪法变迁与社会变革的有效衔接

"法与改革"联合结构其概念史的一个重要侧面，就是实现了宪法变迁与社会变革的有效衔接，正是在这种有效衔接中，我们得以看到宪法与宪法置身其间的社会的良性互动关系，这种良性互动关系为我们展现出的是"法与改革"联合结构逐步走向成长的"概念史"，同时也是一种宪法传统在实践中逐步形成的历史。

（一）原则性与灵活性相结合

毛泽东指出："'五四宪法'草案另一个主要特点是'正确地恰当地结合了原则性和灵活性。'"我们的宪法"原则基本上是两个：民主原则和社会主义原则。……人民民主的原则贯穿在我们整个宪法中。"[1]原则性和灵活性相结合，是从《共同纲领》到"八二宪法"始终坚持的原则。《共同纲领》的原则性主要体现为中华人民共和国基本制度的入宪，灵活性则主要体现为对"社会主义原则"的处理方式。"五四宪法"的原则性就是民主原则和社会主义原则，灵活性则是保证向社会主义过渡的政策，如对生产资料所有制的处理方式。1987年，中央领导同志和全国人大常委会有关领导同志商量修改宪法的问题，并提出修宪的两条原则：一是改革要遵守法律，法律要为改革服务；二是这次修改宪法只限于修改必须修改的条款，对于不改就会妨碍改革的就应修改。[2]充分体现出中国共产党在处理法与改革关系时的历史自觉。1993年现行宪法修改的原则是："必须修改的才改，可改可不改的不改，不作全面修改，有些问题可待今后用解释宪法的方式解决。"[3]

1999年对现行宪法第三次修改坚持的原则主要有三点："一是对宪法能不修改的尽量不改，特别是不要对宪法经常全面修改。二是必须坚持非改不可的才改，可改可不改的不改。

---

[1]《建国以来毛泽东文稿》第4册，中央文献出版社1990年版，第502—504页。

[2] 刘政：《我国现行宪法修改的原则、方式和程序——1988年、1993年、1998年三次修宪回顾》，《中国人大》2002年第21期。

[3] 蔡定剑：《宪法精解》，法律出版社2004年版，第83页。

三是宪法的部分修改只能对具体制度作进一步的完善，不能对国家的根本制度、根本任务、根本原则进行修改。"[1] 2004 年对现行宪法进行第 4 次修改坚持的原则是："坚持对宪法作部分修改，不作大改的原则，做到既顺应党和人民事业发展要求，又遵循宪法法律发展的规律，确保宪法的连续性、稳定性和权威性。"

原则性和灵活性的结合，包括两层含义：第一层是针对宪法具体内容的，即对根本制度、根本任务和根本原则要坚持原则性的范畴，具体制度属于灵活性的范畴；第二层是针对修改方式要坚持原则性和灵活性的结合。原则性和灵活性的结合，既是对宪法变迁与宪法稳定关系的平衡把握，也是对宪法变迁与社会变革之间稳定关系的平衡把握，还体现了一种审慎平衡宪法变迁与社会变革平衡关系的宪法修改智慧。改革开放以来，中国共产党对宪法修改和中国社会变革关系的平衡，不但折射出中国宪法成长遵循的基本路径，而且因为宪法根本法和最高法的地位，更是从一个最为重要的维度证成了"法与改革"联合结构这一概念的价值所在及其历史承载。

（二）政策与宪法的无缝衔接

实现中国共产党的政治政策主张与宪法的无缝衔接，是从《共同纲领》一直到"八二宪法"包括宪法修正案一脉相承的做法，这一做法，从制宪修宪必然包括的技术层面到程序方面，都有比较充分的体现，形成了新中国宪法的一大特色。这种政策与法律的无缝衔接，是"法与改革"联合结构之所以成

---

[1] 蔡定剑：《宪法精解》，法律出版社 2004 年版，第 89 页。

立的重要历史依据。

政策与法律的无缝对接，既表现在基本政策层面，也表现在具体政策层面。其中在《共同纲领》中体现的十分广泛。《共同纲领》是"纲领性"和"宪法性"的统一，其"纲领性"的一面，是拥有大量政策性内容；在"五四宪法"中则主要体现为把"党在过渡时期的总路线"直接写入宪法中；在"八二宪法"中则主要体现为将"党在社会主义初级阶段基本路线"直接写入宪法。除这些基本政策外，还大量地表现为具体政策的入宪。

实现中国共产党的政治政策主张与宪法的无缝衔接，是"使党的主张经过法定程序变成国家意志"的集中体现，是中国共产党实现依法执政特别是依宪执政的重要途径。党的十八届四中全会通过的《中共中央关于全面推进依法治国若干重大问题的决议》明确提出："实现立法和改革决策相衔接，做到重大改革于法有据、立法主动适应改革和经济社会发展需要。实践证明行之有效的，要及时上升为法律。实践条件还不成熟、需要先行先试的，要按照法定程序作出授权。对不适应改革要求的法律法规，要及时修改和废止。"这充分说明实现政策与宪法的无缝衔接，已成为党和国家的一项权威的制度性安排。

（三）"时间意识"的"宪法表达"

从《共同纲领》到"八二宪法"及其宪法修正案，始终贯穿着明确而又强烈的时间意识。这种时间意识，是自鸦片战争至现在近代中国所特有的"历史意识"在宪法领域的具体体现,是中国共产党通过宪法这一具有最高法地位的规范文本对特定历史阶段或特定时间段的历史任务所形成的"时间约束装置"。也因此,体现在宪法中的时间,绝不是物理意义上的客观时间,而是一种经过制度化的"宪法时间",理所当然地具有宪法效力,同时也体现出"法与改革"联合结构在时间指向上的意义。具体而言,从《共同纲领》到"八二宪法"及其宪法修正案,其时间意识和时间表达主要体现在这样几个方面。

一是对历史的回顾和总结。如《共同纲领》中序言一开始的"中国人民解放战争和人民革命的伟大胜利,已使帝国主义、封建主义和官僚资本主义在中国的统治时代宣告结束。中国人民由被压迫的地位变成为新社会新国家的主人,而以人民民主专政的共和国代替那封建买办法西斯专政的国民党反动统治。"这里的"宪法时间",其宪法效力在于向全体中国人民宣布自鸦片战争以来的一个旧时代的结束和一个属于人民的新时代的开启。从《共同纲领》开始,对历史的回顾和总结一直贯穿在后来的每一部宪法中,如"五四宪法"序言一开始的"中国人民经过一百多年的英勇奋斗,终于在中国共产党领导下,在 1949 年取得了反对帝国主义、封建主义和官僚资本主义的人民革命的伟大胜利,因而结束了长时期被压迫、被奴役的历史,建立了人民民主专政的中华人民共和国。"中的"一百多年","八二宪法"序言中的"一八四〇年以后""二十世纪"等。

二是对特定历史时刻进行明确强调的时间。这里的"宪法时间",其宪法效力在于通过宪法来确认这一具体时间所发生的历史事件的"宪法标志"。如"五四宪法"序言中的"在1949年取得了反对帝国主义、封建主义和官僚资本主义的人民革命的伟大胜利""1954年9月20日在首都北京""这个宪法以1949年的中国人民政治协商会议共同纲领为基础","八二宪法"序言中的"一九一一年孙中山先生领导的辛亥革命""一九四九年,以毛泽东主席为领袖的中国共产党领导中国各族人民"。

三是指向将来的"特定历史阶段"的时间。这里的"宪法时间",其宪法效力在于明确这一"特定历史阶段"的历史任务,并通过这样的明确,强化执政党制定相关政策应有的"时间意识",以及领导人民完成这一历史任务的"时间意识"。如"八二宪法"序言中的"我国将长期处于社会主义初级阶段"。

三、宪法共识的形成方式

宪法要得到切实遵守,真正具有最高法地位,必须获得公民普遍意义上的心理认同,这种心理认同,就是宪法共识。"法与改革"联合结构这样一个概念,所要表达的是中国语境下宪法共识的形成方式,即把广大人民的变革实践转化为宪法文本的权威性表达,这样,实践的过程、转化成宪法表达的过程,就是一个社会变革的宪法沉淀的过程,同时也是一个宪法共识形成的过程。

怎样将社会变革的内容体现在宪法规定中,是从《共同纲领》到现行宪法,一直存在的一个问题,围绕对这一问题的解决,形成了一种宪法传统,这种传统可以用社会变革的宪法沉淀来概括。

实现从新民主主义向社会主义过渡,是中国共产党明确的政治主张。在制定《共同纲领》时,如何对待这一主张,有两种意见:一种意见认为,社会主义是全国人民的奋斗方向,"社会主义"的前途一定要理直气壮地写入《共同纲领》;另一种意见认为,《共同纲领》在本质上包含了社会主义道路,当时人民对社会主义的认知程度还不够,而且社会现实与"社会主义"确有不同,还是不写为好。面对这两种意见,中国共产党选择了后一种意见。

中国共产党作出此种选择的理由,周恩来作了很好的解释。周恩来在《关于〈共同纲领〉草案起草的经过和纲领的特点》报告中讲道:"总纲讨论中,曾有一种意见,认为我们既然承认新民主主义是一个过渡性质的阶段,一定要向更高级的社会主义和共产主义阶段发展,因此总纲中就应该明确把这个前途规定出来。筹备讨论中,大家认为这个前途是肯定的,毫无疑问的,但应该经过解释、宣传,特别是实践来证明给全国人民看,只有全国人民在自己的实践中认识到这是唯一的最好的前途,才会真正承认它,并愿意全心全意为它而奋斗。所以现在暂时不写出来,不是否认它,而是更加郑重地看待它,而且这个纲领中经济的部分里面,已经规定要在实际上保证向这个前途走去。"

同样的问题在改革开放后的修宪中也遇到过。如 1988 年修宪时,就有人提出在宪法序言中增加"我国处于社会主义初级阶段"和"坚持改革开放"的建议,但最终未予采纳,直到 1993 年修宪时"我国长期处于社会主义初级阶段"和"坚持改革开放"才被写入宪法。中国共产党在《共同纲领》中对待社会主义的做法，后来也充分体现在"五四宪法"和"八二宪法"中。社会主义原则是经过《共同纲领》制定和新中国成立五年的实践才写入了"五四宪法"，而且"五四宪法""在确立社会主义原则的前提下，宪法根据我国在过渡时期多种经济成分并存的客观现实，确认我国生产资料的所有制主要有：国家所有制，即使全民所有制；合作社所有制，即劳动群众集体所有制；个体劳动者所有制；资本家所有制。"[1]实行改革开放以来，中国共产党对待改革入宪，始终坚持经过社会实践证明是成熟了的、得到人民高度认可的，才纳入宪法的态度。社会主义初级阶段、私营企业、社会主义市场经济体制、人权保障、依法治国等的入宪，都很好地坚持了始于《共同纲领》的做法，形成一种一脉相承的宪法传统，从而把宪法的安定性与社会变革实践的入宪需求很好地结合起来，充分反映和体现了"法与改革"联合结构的这一概念的核心要义。

中国共产党是执政党，因此，中国共产党对待宪法变迁和社会变革的态度，体现的是中国共产党领导中国人民推进社会变革和怎样将这种宪法变革用宪法进行表达的政治理念和政治主张。这样一种政治理念和政治主张及其对应的历史，既是中国社会变革和宪法变革的过程，也是一个通过人民的实践凝聚共识，然后把这种共识转化为宪法共识的过程。这一过程把社会变革实践、公民对这种社会变革实践宪法意义上的社会心理预期及其宪法表达内在统一起来。

---

[1] 中共中央党史研究室：《中国共产党历史》[第二卷(1949—1978)(上册)]，中共党史出版社2011年版，第255页。

小　结

本章基于宪法变迁的视角对"法与改革"联合结构这一命题进行了检视。自《共同纲领》至"八二宪法"及其宪法修正，构成了新中国成立以来宪法变迁的主要历史。宪法变迁与中国社会变革最紧密地关联在一起，其中自《共同纲领》至"五四宪法"这一阶段又是由新民主主义社会向社会主义社会过渡阶段；"八二宪法"所经历的历史，又是中国改革开放的历史。因此，总结和分析这两个阶段宪法变迁与中国社会变革的关系，十分必要。经过总结和分析，我们发现，宪法变迁与中国社会变革紧密关联，同样构成了一种"法与改革"联合结构的典范表达。其中，自《共同纲领》至"五四宪法"这一阶段，是对"法与改革"联合结构的初步奠基，"八二宪法"及其宪法修正则是对"法与改革"联合结构的全面证成。也因此，"法与改革"联合结构所要表达的是一种宪法传统的形成方式。

后记

本书主题立足于这个新的时代，笔者的研究重心在于通过对改革开放至今的历史思考，得出这样一个结论：1978 年至今开始实行的改革开放应以其独特的分量、独特的地位，在整个中华民族史上闪耀存在。从 1978 年改革开放至今，中国社会所取得的巨大变化——从新中国成立至现在、1840 年鸦片战争至现在、自秦汉两千多年前至现在——因其闪耀存在，应该赋予特殊的礼遇。之所以这样讲，是因为 1978 年至今的改革开放，不仅改变了中国，更改变了几千年以来中国的历史，它使中国的历史呈现出不同任何过往阶段的独特的书写方式。

从 1978 年开始的改革开放，没有轰轰烈烈的热闹场面，一切都是在平静和平凡的岁月中度过的。然而，正是这种平静平凡的岁月，这仅仅 45 个平静平凡的岁月，成就了改革开放的伟大。那么，这究竟是怎样的一种平静平凡的岁月，其中究竟蕴含着怎样的力量，使其取得如此巨大的成就？

马克思在《经济学手稿（1857—1858 年）》中关于人类社会形态所经历的不同阶段有这样一段论述："人的依赖关系（起初完全是自然发生的），是最初的社会形态，在这种形态下，人的生产能力只是在狭窄的范围内和孤立的地点上发展着。以物的依赖性为基础的人的独立性，是第二大形态，在这种形态下，才形成普遍的社会物质交换，全面的关系、多方面的需要以及全面的能力的体系。建立在个人全面发展和他们共同的社会生产能力成为他们的社会财富这一基础上的自由个性，是第三个阶段。第二个阶段为第三个阶段创造条件。因此，家庭制的、古代的（以及封建的）状态随着商业、奢侈、货币、交换价值的发展而没落下去，现代社会则随着这些东西一道发展起来。"[1]

马克思的这段论述，可以说就是对改革开放以来中国社会之所以发生如此巨大变化以及这种变化以究竟是一种什么样的变化的权威诠释。几千年来中国传统社会自给自足的小农经济的特点，自然符合马克思所说的第一种形态，一定是处于一种"人的依赖关系"。即便是自新中国成立至改革开放前，由于整个社会的生产方式和交往方式，遵循的是一种计划经济模式，所以，尽管从事着工业化大生产并取得相当大的工业化建设的成就，但是"普遍的社会物质交换""全面的关系、多方面的需要以及全面的能力的体系"基本上还处于历史的空白。所有这一切的改变，从根本上的改变，发生在1978年改革开放之后。

以1978年实行改革开放为标志，中国走上了经济革命的道路，这条经济革命的道路，就是面向中国整个社会的、经济生产方式和交换方式向更广更全面更彻底的方向和范围延伸拓展的道路。为了更完整更全面地理解这段论述包含的意思，在此，有必要引用《共产党宣言》1888年英文版序言的一段论述和马克思的另一段论述，只有把这三段论述综合起来进行理解，才能形成对1978年改革开放以来中国社会变革的相对比较清晰的理论路线图。《共产党宣言》1888年英文版序言指出："构成《宣言》核心的基本思想是属于马克思的。这个思想就是：每一历史时代主要的经济生产方式和交换方式以及必然由此产生的社会结构，是该时代政治的和精神的历史所赖以

---

[1]《马克思恩格斯全集》第46卷，人民出版社1979年版，第104页。

确立的基础，并且只有从这一基础出发，这一历史才能得到说明。"[1]马克思指出："代替那存在着阶级和阶级对立的资产阶级旧社会的，将是这样一个联合体，在那里，每个人的自由发展是一切人的自由发展的条件。"[2]

将这三段论述综合起来，可以得出这样三个结论：第一个结论是一个时代的"主要的经济生产方式和交换方式以及必然由此产生的社会结构，是该时代政治的和精神的历史所赖以确立的基础"；第二个结论是只有主要的经济生产方式和交换方式发达到一定程度，才能实现"以物的依赖性为基础的人的独立性""才形成普遍的社会物质交换，全面的关系、多方面的需要以及全面的能力的体系"；第三个结论是只有主要的经济生产方式和交换方式发展到相当充分的程度，才能有"建立在个人全面发展和他们共同的社会生产能力成为他们的社会财富这一基础上的自由个性"。

综合这三个结论，呈现在我们面前的是一幅1978年以来中国社会变革的相对比较清晰的理论路线图：即由于主要的经济生产方式和交换方式的不断发达形成普遍的社会物质交换，构成了改革开放以来"主要的经济生产方式和交换方式以及必然由此产生的社会结构"——这构成了改革开放以来"政治的和精神的历史所赖以确立的基础"——"从这一基础出发"说明"改革开放"的历史，"建立在个人全面发展和他们共同的社会生产能力成为他们的社会财富这一基础上的自由个性"得以形成——这意味着由自由发展的人组成的社会即"自由人的

---

〔1〕《马克思恩格斯文集》第2卷，人民出版社2009年版，第14页。
〔2〕《马克思恩格斯文集》第2卷，人民出版社2009年版，第53页。

联合体"的逐渐形成。然而到目前为止,这一相对比较清晰的理论路线图还仅仅是一幅简易路线图。说其简易是因为这一路线图一方面还不够全面,另一方面还不够精练。所谓全面是指"从这一基础出发"所展现出的丰富性要求;所谓精练是指对这丰富性要求在逻辑层面的准确概括,并经由这种准确概括形成的对 1978 年以来中国社会变革的概念表达。

1978 年以来的中国社会变革是一个从"主要的经济生产方式和交换方式以及必然由此产生的社会结构"这一基础出发的丰富性的展开。这里的丰富性是一个无限延展的丰富性,其中既包括作为"主要的经济生产方式和交换方式以及必然由此产生的社会结构"的丰富性,也包括建立在这一基础上的改革开放历史的丰富性。所以,这里的丰富性是一个动态的体系,是一种人的实践活动的丰富性。1978 年以来中国社会变革的这种丰富性之所以得以无限延展,是两个根本因素合力作用的结果,这两个根本因素就是"法"与"改革"。之所以说是"法"与"改革"合力作用的结果,是因为这两个因素合二为一,形成"法与改革"联合结构,"法与改革"联合结构是由"法"与"改革"形成的内在的、有机的、彼此分享的一体化结构,也因此,"法与改革"联合结构构成了对这一简易路线图的概念表达。

"法与改革"联合结构成为 1978 年以来中国社会变革的概念表达,有其历史必然性。之所以这样讲是因为,从内在的方面看,审视"主要的经济生产方式和交换方式以及必然由此产生的社会结构"这一基础,以及建立在这一基础上的"全面的关系、多方面的需要以及全面的能力的体系。建立在个人全面发展和他们共同的社会生产能力成为他们的社会财富这一基础上的自由个性",一句话"基础"本身的丰富性和从"基础"出发的丰富性中,都内含了"法"与"改革"这两个根本因素,"法"与"改革"这两个根本因素不仅是同时出场的,而且是"联合"演出的。正是因为"法"与"改革"的同时出场、"联合"演出,才有"基础"本身的丰富性和从"基础"出发的丰富性,普遍的社会物质交换才有可能。

需要明确的是,在这里,"法"还是处于法权关系的状态,而正是这种反映经济关系的意志关系的法权关系,使普遍的社会物质交换以普遍意义上的规则的形态呈现出来。至此,我们可以发现,是法权将"法"与"改革"紧密联结成一体。从外在的方面看,改革开放时代所展示出的从"基础"出发的丰富性,其实是指"该时代政治的和精神的历史",要使"这一历史才能得到说明",首先需要明确这一历史包含哪些因素。置身中国语境,"政治的和精神的历史"的政治层面包含的因素主要包括执政党、国家、政府等,其精神层面则是指政治层面的活动。改革开放以来,"政治的和精神的历史"同样是由丰富性和为这种丰富性所必需的法的普遍意义上的规则形态所组成的,只不过这里的"法"是指国家法(党内法规也可以归入国家法的范畴)。很显然,在这里"政治的和精神的历史"同样体现为"法与改革"联合结构。如此,无论是从内在的社会变革及这种社会变革所包含的法权要素的角度看,还是从外在的"政治的和精神的历史"其丰富性得以展现的角度看,"法与改革"联合结构都是其概念表达。

经由对1978年以来中国社会变革的理论分析和概念提炼,

可以发现,这一变革在"基础"的方面和从"基础"出发的方面,都已经、正在和即将发生展示其丰富性的变化,而且这一变化是针对过往中国的一切历史阶段的一场重大文明变革,因此,我们把它归结为"一种法治文明秩序"的生成之道。那么,这究竟是怎样的"一种法治文明秩序"呢?"法与改革"联合结构是对1978年以来中国社会变革历史的概念浓缩,同时,作为一个动态的概念,也是对中国社会变革未来前景的概念预示。从这一概念浓缩和概念预示中,得以窥见,这是一种由"法与改革"联合结构展现其得以起步、得以行走、得以面向未来的社会变革所形成的文明秩序。在这一文明秩序中,得以进一步清晰地看到,中国社会变革的脚步乃是朝向"自由人的联合体"的实战演练,其理想的世界图景则是对"一种永久和平秩序"的奠基。

参考文献

一、古 籍

王先慎：《韩非子集解》，中华书局 2013 年版。
司马迁：《史记·商君列传》，中华书局 2014 年版。
司马迁：《史记·老子韩非列传》，中华书局 2014 年版。
许富宏：《慎子集校集注》，中华书局 2013 年版。
杨伯峻：《论语译注》，中华书局 1998 年版。
班固：《汉书》，中华书局 1962 年版。
许慎：《说文解字》，中华书局 1963 年版。
蔡尚思主编：《十家论墨》，上海人民出版社 2004 年版。
梁启超：《墨子学案》，上海书店 1992 年版。
汪中：《述学·墨子序》，中华书局 2014 年版。
范仲淹：《范文正公集》，商务印书馆 1937 年版。
《陆九渊集》，中华书局 1980 年版。
何晏、皇侃：《论语集解义疏》，中华书局 1985 年版。
朱熹：《朱子语类》，岳麓书社 1997 年版。
《二程集》，中华书局 2004 年版。
张载：《正蒙·诚明》，《张载集》，中华书局 1978 年版。
王阳明：《王阳明全集》，上海古籍出版社 1992 年版。
顾炎武：《顾亭林诗文集》，中华书局 1983 年版。
顾炎武：《日知录》，甘肃民族出版社 1997 年版。

二、经典著作

《马克思恩格斯全集》第 6 卷，人民出版社 1961 年版。

《马克思恩格斯选集》第 1 卷，人民出版社 1995 年版。
《马克思恩格斯选集》第 2 卷，人民出版社 1995 年版。
《马克思恩格斯全集》第 3 卷，人民出版社 2002 年版。
《马克思恩格斯文集》第 8 卷，人民出版社 2009 年版。
《列宁全集》第 29 卷，人民出版社 1956 年版。
《毛泽东选集》第 1 卷，人民出版社 1991 年版。
《邓小平文选》第 3 卷，人民出版社 1993 年版。
《习近平著作选读》第 1 卷，人民出版社 2023 年版。
《习近平著作选读》第 2 卷，人民出版社 2023 年版。

三、著 作

《中国共产党中央委员会关于建国以来党的若干历史问题的决议》，人民出版社 1981 年版。

中国国务院新闻办公室：《国家人权行动计划（2016—2020 年）》，人民出版社 2016 年版。

中共中央文献研究室编：《毛泽东年谱：1949—1976》，中央文献出版社 2013 年版。

中共中央文献研究室：《习近平关于全面依法治国论述摘编》，中央文献出版社 2015 年版。

习近平：《在首都各界纪念现行宪法公布施行 30 周年大会上的讲话》，人民出版社 2012 年版。

黄遵宪：《日本国志》，上海古籍出版社 2001 年版。

梁启超：《梁启超法学文集》，中国政法大学出版社 2004 年版。

金耀基：《中国文明的现代转型》，广东人民出版社 2016

年版。

金耀基：《从传统到现代》，法律出版社 2017 年版。

康德：《实用人类学》，邓晓芒译，上海人民出版社 2005 年版。

李秋零主编：《康德著作全集》第 6 卷，中国人民大学出版社 2007 年版。

李泽厚：《中国近代思想史论》，生活·读书·新知三联书店 2008 年版。

许倬云：《家国天下》，上海人民出版社 2017 年版。

许倬云：《经纬华夏》，南海出版社 2023 年版。

王世杰、钱端升：《比较宪法》，中国政法大学出版社 1998 年版。

陈顾远：《中国法制史》，上海书店 1936 年版。

龚祥瑞：《比较宪法与行政法》，法律出版社 2003 年版。

李昌道：《美国宪法史稿》，法律出版社 1986 年版。

牟宗三：《政道与治道》，台湾学生书局 1987 年版。

王绍光：《中国·政道》，中国人民大学出版社 2014 年版。

张晋藩：《中国宪法史》，人民出版社 2011 年版。

舒国滢：《法哲学：立场与方法》，北京大学出版社 2010 年版。

于立深：《契约方法论》，北京大学出版社 2007 年版。

孙国华、朱景文：《法理学》，中国人民大学出版社 2004 版。

郭道晖：《法理学精义》，湖南人民出版社 2005 年版。

李旭东：《法律科学导论——凯尔森纯粹法学理论之重述》，山东人民出版社 2015 年版。

强世功：《法制与治理——国家转型中的法律》，中国政法大学出版社 2003 年版。

张文显：《法哲学范畴研究》，中国政法大学出版社 2001 年版。

季卫东：《通往法治的道路：社会的多元化与权威体系》，法律出版社 2014 年版。

季卫东：《法治秩序的建构》，中国政法大学出版社 1999 年版。

李林主编：《中国法治建设 60 年》，中国社会科学出版社 2010 年版。

赵明：《实践理性的政治立法——康德〈论永久和平〉的法哲学诠释》，法律出版社 2009 年版。

邓正来：《谁之全球化？何种法哲学？》，商务印书馆 2009 年版。

李林、翟国强：《健全宪法实施监督机制研究报告》，中国社会科学出版社 2015 年版。

董和平、韩大元、李树忠：《宪法学》，法律出版社 2000 年版。

吴庚：《政法理论与法学方法》，中国人民大学出版社 2007 年版。

杨仁寿：《法学方法论》，中国政法大学出版社 1999 年版。

梁慧星：《裁判的方法》，法律出版社 2003 年版。

林来梵：《宪法学讲义》，法律出版社 2015 年版。

卓泽渊：《法的价值论》，法律出版社 1999 年版。

郭星华：《法社会学教程》（第二版），中国人民大学出版社 2015 版。

刘海年：《依法治国是历史经验的总结》，中国社会科学出版社 2014 版。

陈新明：《苏联演变与社会主义改革》，中共中央党校出版社 2002 年版。

景天魁、何健、邓万春等：《时空社会学：理论和方法》，北京师范大学出版社 2012 年版。

秋风：《儒家式现代秩序》，广西师范大学出版社 2013 年版。

文一：《伟大的中国工业革命——"发展政治经济学"一般原理批判纲要》，清华大学出版社 2016 年版。

张康之：《为了人的共生共在》，人民出版社 2016 年版。

喻中：《法家三期论》，法律出版社 2017 年版。

於兴中：《法治与文明秩序》，中国政法大学出版社 2006 年版。

郑永年：《中国模式：经验与挑战》，中信出版社 2016 年版。

张维为：《中国震撼——一个"文明型国家"的崛起》，上海人民出版社 2017 年版。

谭中：《简明中国文明史》，新世界出版社 2017 年版。

四、论　文

何华辉：《论宪法监督》，《武汉大学学报（社会科学版）》1982 第 1 期。

胡家聪：《"法、术、权、势"结合的学说不是法家韩非首创》,《学术月刊》1985 年第 11 期。

王家福、刘海年、李步云:《论法制改革》,《法学研究》1989 年第 2 期。

渠东:《马克思法权思想研究》,《复旦学报(社会科学版)》1993 年第 2 期。

金耀基:《论中国的"现代化"与"现代性"——中国现代的文明秩序的建构》,《北京大学学报(哲学社会科学版)》1996 年第 1 期。

俞荣根:《论梁启超的法治思想——兼论梁氏对传统法文化的转化创新》,《孔子研究》1996 年第 1 期。

郝铁川:《论良性违宪》,《法学研究》1996 年第 4 期。

艾永明:《法家的重刑思想值得借鉴》,《法学》1996 年第 11 期。

李贵连:《二十世纪初期的中国法学》,《中外法学》1997 年第 2 期。

王贵秀:《十五大对法治概念的确认及其意义》,《中国党政干部论坛》1998 年第 1 期。

陈晓枫:《宪法监督模式论》,《武汉大学学报(哲学社会科学版)》1998 第 3 期。

蒋立山:《中国法治道路问题讨论(下)》,《中外法学》1998 年第 4 期。

张正德:《十一届三中全会到十五大的法治走向分析》,《重庆社会科学》1999 年第 1 期。

胡志民:《改革开放以来中国共产党法制思想研究》,《上海师范大学学报(社会科学版)》2001 年第 3 期。

范忠信：《梁启超与中国近代法理学的主题与特征》，《法学评论》2001年第4期。

黄炎平：《马克思理论视野中的社会契约论》，《中南大学学报（社会科学版）》2003年第1期。

袁祖社：《契约关系的基本原则与马克思主义的契约观及其现代意义》，《新疆社会科学》2003年第2期。

马长山：《社会转型与法治根基的构筑》，《浙江社会科学》2003年第4期。

苏力：《当代中国的中央与地方分权——重读毛泽东〈论十大关系〉第五节》，《中国社会科学》2004年第2期。

韩大元：《论合宪性推定原则》，《山西大学学报（哲学社会科学版）》2004年第3期。

王岩：《契约理念：历史与现实的反思——兼论全球化时代的契约》，《哲学研究》2004年第4期。

黄宗智：《认识中国——走向从实践出发的社会科学》，《中国社会科学》2005年第1期。

邓正来：《中国法学向何处去（上）——建构"中国法律理想图景"时代的论纲》，《政法论坛》2005年第1期。

刘星：《西方法学理论的"中国表达"》，《政法论坛》2005年第1期。

王勇：《迈向反思的法理学：一种全球化背景下法律移植的视角》，《华东政法学院学报》2005年第5期。

高兆明：《社会和谐：契约精神与历史精神》，《哲学动态》2005年第6期。

杨昌宇、陈福胜：《法权人格的确立与中国法治社会的生成》,《学术交流》2005年第11期。

李晓西:《完善法制与经济体制改革》,《理论前沿》2005年第15期。

周展安:《儒法斗争与"传统"重构——以20世纪70年代评法批儒运动所提供的历史构图为中心》,《开放时代》2006年第3期。

姜福东:《司法过程中的合宪性解释》,《国家检察官学院学报》2008年第4期。

霍存福:《中国古代契约精神的内涵及其现代价值——敬畏契约、尊重契约与对契约的制度性安排之理解》,《吉林大学社会科学学报》2008年第5期。

张文显:《改革开放新时期的中国法治建设》,《社会科学战线》2008年第9期。

李风华:《社会契约论在当代的复兴:逻辑前提与实践向度》,《哲学动态》2009年第2期。

宋洪兵:《二十世纪中国学界对"专制"概念的理解与法家思想研究》,《清华大学学报》2009年第4期。

陆学艺、宋国恺:《当代中国社会结构深刻变化的经济社会意义》,《北京工业大学学报(社会科学版)》2009年第5期。

谢维雁:《论合宪性解释不是宪法的司法适用方式》,《中国法学》2009年第6期。

张恒山:《中国共产党依法执政与执政体制创新》,《中共中央党校学报》2010年第1期。

顾培东:《中国法治的自主型进路》,《法学研究》2010年第 1 期。

常安：《"摸着石头过河"与"可改可不改的不改"——改革背景下的当代中国宪法变迁》，《法律科学》2010 年第 2 期。

黄波粼：《政治权威、政治稳定与国家现代化：基于中国经验的分析》，《新视野》2011 年第 4 期。

李禹阶：《辛亥革命与中国近代国家和民族的转型》，《红旗文稿》2011 年第 18 期。

许纪霖等：《政治正当性的古今中西对话》，《政治思想史》2012 年第 1 期。

上官丕亮：《宪法文本中的"宪法实施"及其相关概念辨析》，《国家检察官学院学报》2012 年第 1 期。

张之沧：《法权现象批判》，《南京师范大学学报（社会科学版）》2012 年第 4 期。

韩秀义：《中国宪法实施的三个面相——在政治宪法学、宪法社会学与规范宪法学之间》，《开放时代》2012 年第 4 期。

王虎学：《分工与现代文明秩序的建构》，《社会科学辑刊》2012 年第 5 期。

武宇红：《中国古代之契约制度》，《经济研究导刊》2012 年第 22 期。

冯仕政：《法治、政治与中国现代化》，《中国法学》2013 年第 1 期。

袁达松：《走向包容性的法治国家建设》，《中国法学》2013 年第 2 期。

周雪光：《国家治理逻辑与中国官僚体制：一个韦伯理论视角》，《开放时代》2013 年第 3 期。

唐鸣、罗寿龙：《康德法权论探析》，《湖北大学学报（哲学社会科学版）》2013年第6期。

江必新、王红霞：《法治社会建设论纲》，《中国社会科学》2014年第1期。

陈金钊：《对"以法治方式推进改革"的解读》，《河北法学》2014年第2期。

丁晓东：《身份、道德与自由契约——儒家学说的制度性解读》，《法学家》2014年第3期。

张文显：《法治中国建设的前沿问题》，《中共中央党校学报》2014年第5期。

魏健馨：《宪法学语境中的公共参与》，《政法论坛》2014年第5期。

陈金钊：《"法治改革观"及其意义——十八大以来法治思维的重大变化》，《法学评论》2014年第6期。

喻中：《理解"全面推进依法治国"的三个视角》，《理论探讨》2015年第1期。

阿风：《中国历史上的"契约"》，《安徽史学》2015年第4期。

黄鑫：《宪法秩序中的精神文明建设》，《上海政法学院学报（法治论丛）》2015年第4期。

张明军：《领导与执政：依法治国需要厘清的两个概念》，《政治学研究》2015年第5期。

陈金钊、吕玉赞：《法治改革及其方法论选择》，《学术交流》2015年第9期。

刘泽华：《长亭回首短亭遥——回忆与杨荣国先生的交

往》,《读书》2016第1期。

詹世友:《康德政治哲学视域中的法治思想》,《华中科技大学学报(社会科学版)》2016年第1期。

庄振华:《黑格尔法权概念的现代意义——以《法哲学原理》"导论"为例》,《思想战线》2016年第2期。

杨洁篪:《坚持外交理论与实践创新不断开创中国外交新局面》,《求是》2016年第3期。

冯玉军:《中国法治的发展阶段和模式特征》,《浙江大学学报(人文社会科学版)》2016年第3期。

姚建宗、侯学宾:《中国"法治大跃进"批判》,《法律科学》2016年第4期。

王荔:《费希特法权哲学独特的问题域及其演进》,《南通大学学报(社会科学版)》2016年第5期。

马长山:《法治中国建设的"共建共享"路径与策略》,《中国法学》2016年第6期。

陈金钊:《重新界定法治与改革关系的意义》,《江西社会科学》2016年第6期。

陈须隆:《人类命运共同体理论在习近平外交思想中的地位和意义》,《当代世界》2016年第7期。

方世荣:《论我国法治社会建设的整体布局及战略举措》,《法商研究》2017年第2期。

周平:《民族国家认同的逻辑》,《政治学研究》2017年第4期。

王泽应:《论构建人类命运共同体的伦理意义》,《北京大学学报(哲学社会科学版)》2017年第4期。

卞绍斌：《强制与自由：康德法权学说的道德证成》，《学术月刊》2017年第5期。

张文喜：《重新发现唯物史观中的法与正义》，《中国社会科学》2017年第6期。

李景治：《推动构建人类命运共同体的路径选择》，《新视野》2017年第6期。

王时中：《论马克思主义政治哲学建构的康德坐标》，《山东社会科学》2018年第6期。

毛勒堂：《"人类命运共同体"何以可能？——基于资本逻辑语境的阐释》，《马克思主义与现实》2018年第1期。

靳海婷：《论公民启动宪法监督机制的建立——基于〈立法法〉第99条第2款的规范性思考》，《时代法学》2018年第1期。

陈金钊：《"人类命运共同体"的法理诠释》，《法学论坛》2018年第1期。

邱本：《论法理思维的特性》，《理论探索》2019年第1期。

五、译 著

[古希腊] 亚里士多德：《政治学》，吴寿彭译，商务印书馆1965年版。

[法] 孟德斯鸠：《论法的精神》（上），许明龙译，商务印书馆2012年版。

[德] 康德：《康德历史哲学论文集》，李明辉译，联经出版事业公司2002年版。

[德]黑格尔:《法哲学原理》,范扬等译,商务印书馆1961年版。

[德]韦伯:《经济与历史支配的类型》,康乐等译,广西师范大学出版社2010年版。

[德]施密特:《宪法学说》,刘峰译,上海人民出版社2005年版。

[德]施密特:《宪法的守护者》,李君韬、苏慧婕译,商务印书馆2008年版。

[德]哈贝马斯:《在事实与规范之间:关于法律和民主法治国的商谈理论》,童世骏译,生活·读书·新知三联书店2003年版。

[德]哈贝马斯:《后民族结构》,曹卫东译,上海人民出版社2002年版。

[法]狄骥:《法律与国家》,冷静译,中国法制出版社2010年版。

[法]托克维尔:《论美国的民主》(上卷),董果良译,商务印书馆2009年版。

[德]鲁道夫·冯·耶林:《法权感的产生》,王洪亮译,商务印书馆2016年版。

[英]阿诺德·汤因比:《文明经受考验》,王毅译,上海人民出版社2016年版。

[法]雷蒙·阿隆:《想象的马克思主义》,姜支辉译,上海译文出版社2007年版。

[美]博登海默:《法理学—法哲学及其方法》,邓正来译,华夏出版社1987版。

［德］K. 茨威格特、［德］H. 克茨：《比较法总论》，潘汉典等译，法律出版社 2003 年版。

［英］马丁·洛克林：《公法与政治理论》，郑戈译，商务印书馆 2002 年版。

［法］法耶夫：《法权现象学纲要》，邱立波译，华东师范大学出版社 2011 年版。

［美］杰弗里·墨菲：《康德：权利哲学》，吴彦译，中国法制出版社 2017 年版。

［德］柯尔施：《马克思主义和哲学》，王南湜等译，重庆出版社 1989 年版。

［英］白芝浩：《英国宪法》，夏彦才译，商务印书馆 2012 年版。

［英］戴雪：《英宪精义》，雷宾南译，中国法制出版社 2001 年版。

［美］弗莱切：《隐藏的宪法：林肯如何重新铸定美国民主》，陈绪纲译，北京大学出版社 2009 年版。

［美］罗尔斯：《正义论（修订版）》，何怀宏、何包钢、廖申白译，中国社会科学出版社 2009 年版。

［美］塞缪尔·亨廷顿：《变动社会中的政治秩序》，王冠华，刘为等译，上海人民出版社 2008 年版。

［美］费希特：《对德意志民族的演讲》，梁志学等译，辽宁教育出版社 2003 年版。

［德］伽达默尔：《真理与方法》，洪汉鼎译，上海译文出版社 1999 年版。

［英］弗里德利希·冯·哈耶克：《法律、立法与自由（第

一卷)》,邓正来等译,中国大百科全书出版社 2000 年版。

[英]罗杰·科特维尔:《法律社会学导论》,潘大松等译,华夏出版社 1989 年版。

[美]P.诺内特、[美]P.塞尔兹尼克:《转变中的法律与社会:迈向回应型的法》,张志铭译,中国政法大学出版社 2004 年版。

[德]贡塔·托依布纳:《法律:一个自创生系统》,张骐译,北京大学出版社 2004 版。

[德]贡塔·托依布纳:《宪法的碎片:全球社会宪治》,陆宇峰译,中央编译出版社 2016 年版。

[英]安东尼·吉登斯:《社会的构成——结构化理论纲要》,李康、李猛译,中国人民大学出版社 2012 年版。

[德]滕尼斯:《共同体与社会》,林荣远译,商务印书馆 1999 年版。

[美]塞缪尔·亨廷顿:《世界的冲突与文明秩序的重建》,周琪等译,新华出版社 2010 年版。

[英]马丁·雅克:《大国雄心:一个一部褪色的大国梦》,中信出版社 2016 年版。